Ullstein

AUTOR:

Hans-Jürgen Raabe ist einer der bekanntesten deutschen Medizin-Journalisten und Gesundheitsexperte von BILD. Er hat zahlreiche Medizinserien und Medizinbücher geschrieben, betreut seit Jahren Medizinseiten von Zeitungen und Illustrierten.
Hans-Jürgen Raabe, Jahrgang 1952, lebt und arbeitet in München.

Im Verlag Ullstein ist von Hans-Jürgen Raabe auch das Buch »Check-up, der große BILD Gesundheitstest« erschienen.
ISBN 3-548-35901-9
Ullstein-Buch Nr. 35901

Hans-Jürgen Raabe

Günter Strack: Meine Trenn-Diät

Die BILD
Erfolgs-Diät
des Jahres

Ullstein

Sachbuch
Ullstein Buch Nr. 35429
im Verlag Ullstein GmbH,
Frankfurt/M – Berlin

Originalausgabe

Umschlaggestaltung:
Theodor Bayer-Eynck
Redaktion:
Beate Bühl
Marion Cramer
Christine Lindl
Gesamtherstellung:
Ebner Ulm
Printed in Germany 1994
ISBN 3-548-35429-7

3. Auflage Mai 1994
Gedruckt auf alterungsbeständigem
Papier mit chlorfrei
gebleichtem Zellstoff

Die Deutsche Bibliothek –
CIP-Einheitsaufnahme

Raabe, Hans-Jürgen:
Günter Strack, meine Trenn-Diät: die
BILD-Erfolgsdiät des Jahres /
Hans-Jürgen Raabe. – Orig.-Ausg.,
3. Aufl. – Frankfurt/M; Berlin: Ullstein,
1994
(Ullstein-Buch; Nr. 35429: Sachbuch)
ISBN 3-548-35429-7
NE: GT

Inhalt

9 Vorwort

15 Günter Strack: Meine Trenn-Diät

17 1. Diät-Tag
20 2. Diät-Tag
22 3. Diät-Tag
24 4. Diät-Tag
25 5. Diät-Tag
27 6. Diät-Tag
28 7. Diät-Tag
30 8. Diät-Tag
32 9. Diät-Tag
34 10. Diät-Tag
36 11. Diät-Tag
37 12. Diät-Tag
38 13. Diät-Tag
39 14. Diät-Tag
39 15. bis 20. Diät-Tag

41 Trenn-Diät – was ist das eigentlich?

47 Trenn-Diät – warum sie besser ist als andere Diäten

50 Warum die Trenn-Diät Enzyme hat

54 Enzyme – Schlankmacher aus der Natur

56 Warum die Trenn-Diät Mineralien enthält

59 Warum die Trenn-Diät Vitamine enthält

63 Der Venus-Faktor

67 Ganzheitlich abnehmen

72 Schlank durch Farben

80 Die Medizin der Kristalle

85 Die Medizin der Rhythmen

93 Schlankhilfen von Akupunktur bis Zen

93 Akupunktur
94 Alta major
94 Anthroposophische Medizin
95 Aroma-Therapie
95 Autogenes Training
96 Autosuggestion
96 Bach-Blüten-Therapie
97 Bindegewebsmassagen
97 Biodynamik
97 Bioresonanz-Therapie
98 Colonics
98 Diätetika
99 Edelstein-Therapie
99 Enzym-Therapie
100 Fußreflexzonen-Massage
100 Heilatmung
101 Heilerde-Therapie
101 Heilpflanzen-Therapie
102 Homöopathie
102 Hydro-Therapie
102 Hypnose
103 Kälte-Therapie
103 Kinesiologie
104 Lymphdrainage
104 Magnetfeld-Therapie
104 Mayr-Kur
105 Musik-Therapie
105 Ozon-Therapie
105 Reiki
106 Rolfing
106 Sauerstoff-Therapie
107 Shiatsu
107 Thymus-Therapie
107 Yoga
108 Zen

109 Der Kalorien-Test

112 Kalorientabellen – die wichtigsten Werte auf einen Blick

118	Nur ein Viertelstündchen – Schlankheit und Sport
122	Schlank bleiben – 10 Profi-Tips
125	100 Fragen und Antworten zum Thema schlank
149	Trennkost für die Tage nach der Diät
151	Rezepte für den Start
164	Rezepte für mittags
191	Rezepte für den Abend
208	Fertig-Diäten, die Sie kennen sollten

Vorwort

Liebe Leserin, lieber Leser,

als Übergewichtiger, Sie wissen es, hat man es nicht leicht. Die Probleme steigern sich natürlich noch, wenn man prominent ist und Günter Strack heißt. Früher schauten mich viele Menschen kritisch an und sagten (oder dachten): »Mensch, Strack, du solltest dringend ein paar Kilo abnehmen.« Ich gebe zu: Das war durchaus verständlich. Auch ich selbst hielt mein Gewicht vor meiner Trenn-Diät für viel, viel zu hoch.

Aber wie merkwürdig: Seit ich getan habe, was sich Freunde und Fans wünschten, wird das Problem nicht kleiner. Man schaute mich noch genauer an. Und so mancher stichelt mit Freude: »Mensch, man sieht ja gar nichts bei dem Strack.« Ja, was erwarten die Leute denn bloß von mir? Wer ein hohes Gewicht hatte, sieht natürlich selbst mit 20 Kilo weniger nicht wie Claudia Schiffer aus. Damit man einen neuen, einen anderen Strack sehen könnte, müßten schon erheblich mehr Pfunde runter. Das wird auch passieren, weil ich mit der Trenn-Diät weitermache. Doch das Tempo meiner Schlankheitskur, das bestimme ich. Und nicht die ganzen Kilokritiker.

Ich will mich nicht beklagen. Ich lebe sehr gut mit meinem neuen Gewicht und den alten Vorurteilen. Ich erzähle Ihnen dies nur, weil es Ihnen in den nächsten Wochen ähnlich ergehen könnte. Wer nach Jahren plötzlich beim Essen diszipliniert ist, wer seine Schwäche beim Essen ausgleicht, eckt eher an. Er sprengt nämlich das Klischee, das sich die anderen von ihm gemacht haben. Im übrigen, da bin ich sicher, werden schwache Menschen eher geliebt als starke. Das ist so. Wohl auch deswegen, weil die anderen so am ehesten ihre eigenen Schwächen verzeihen können.

Wann immer ich jetzt in die Nähe eines Büfetts oder eines prall gefüllten Tisches komme, zucken die Blitzlichter. Alle warten nur darauf, daß ich schwach werde und wieder wie früher zulange. Ich gebe zu: Das ärgert mich. Doch seit ich erfahren habe, wie angenehm es sich mit weniger Kilos lebt, stecke ich auch diesen Ärger bestens weg. Darum mein Rat an Sie: Bleiben Sie eisern bei Ihrer Diät. Auch wenn Kritik kommt und wenn andere an Ihnen zweifeln. Nur sie entscheiden schließlich, welches Gewicht für Sie das richtige ist.

Glückwunsch. Den ersten und wohl wichtigsten Schritt in eine schlankere Zukunft haben Sie ja schon gemacht. Sie nehmen dieses Buch sicher auch zur Hand, weil Sie sich fest vorgenommen haben, jetzt abzunehmen. Das ist gut so, denn Ärzte warnen sicherlich nicht unberechtigt vor den gesundheitlichen Folgen des Übergewichts. Obwohl man, wenn man ehrlich zu sich selbst ist, für diese Auskunft sicher keinen Arzt brauchte. Man merkt's ja täglich selbst, daß die überflüssigen Pfunde das Leben erschweren. Beim Treppensteigen geht einem schon mal die Puste aus. Man kriegt's an der Bandscheibe. Und wenn man Pech hat, wird auch das Herz durch die Überbelastung schnell etwas schwächer. Wer als Übergewichtiger kritisch geblieben ist, der wird sich zusätzlich zu all diesen Risiken auch eingestehen, ja eingestehen müssen: Eine Augenweide ist ein wirklich Dicker ja nun auch nicht unbedingt. Die Probleme beginnen doch schon, wenn man sich mal einen Anzug oder ein Kleid kaufen will. Bis man da was Passendes gefunden hat ...

Mich nervten vor meiner erfolgreichen Trenn-Diät immer die Kostümschneider bei den Dreharbeiten: »Herr Strack, da müssen wir wohl noch eine Naht rauslassen.« Na ja, Sie wissen sicher, wovon ich rede. Lore, meine Frau, sagte zwar immer: »Ich mag dich so, wie du bist.« Aber manchmal hatte sie doch auch Angst, daß ich gesundheitlich durch mein Übergewicht Schaden nehmen könnte. Faßt man alle Argumente mal ganz nüchtern zusammen, muß man sagen: Eine Diät ist eine wirklich gute Sache. Und die Trenn-Diät FIGURAFIT ist ein Glücksfall. Sie kann nämlich nicht nur schnell das Gewicht abbauen, sondern auch dabei helfen, das eine oder andere Zipperlein loszuwerden. Und sie stärkt die Vitalität. Ich war selten so leistungsfähig wie in den Tagen meiner Trenn-Diät.

Das klingt zu schön, um wahr zu sein, nicht wahr? Ist dies die erste Diät, die Sie machen? Oder haben Sie vielleicht schon dies und jenes probiert, um ein bißchen abzuspekken? Lassen Sie mich aus eigener Erfahrung sagen: Die Ergebnisse der meisten Diäten sind nicht ermutigend. Und es ist wirklich ein leidiges Problem: Man möchte abnehmen, sucht sich eine Diät aus, geht ran mit Elan, hält eine Zeitlang durch. Und dann – tja, dann kommt doch wieder was dazwischen. Mein Gott, welche Diäten habe ich nicht schon alle probiert. Aber entweder schmeckt das Zeug scheußlich, oder man muß immer dasselbe essen, z. B. Ananas oder Eier, bis sie einem zum Hals heraushängen. Oder man liest dann irgendwo, daß man gerade von der Diät, die man macht, krank werden kann, weil sie den Körper nur einseitig versorgt. Oder man fühlt sich schlapp bei der Diät und ißt dann doch in sich rein wie gewohnt, damit man wieder zu Kräften kommt.

Mir ging es, bis ich die Trenn-Diät FIGURAFIT für mich entdeckte, immer wieder so. Und Millionen anderen sicher auch. Doch es gibt, glauben Sie mir, einen echten Hoffnungsschimmer: Es ist die richtige, die wirksame Diät. Auch für Sie. Es ist die Trenn-Diät, die es als Fertig-Diät in der Apotheke gibt.

Ich bin heute total überzeugt: Abnehmen kann man nur, wenn man bei einer Diät auch ein gutes Gefühl hat und weiß, daß die Gesundheit gefördert wird. Und man braucht eine Diät, die auch wirklich funktioniert und was nützt. Und natürlich muß schmecken, was man ißt. Sonst geht gar nichts. Die Trenn-Diät FIGURAFIT hat all diese Vorteile. Doch das bedeutet nicht, daß man allein schon durch den Kauf der Trenn-Diät schlank werden kann. Ein fester Wille gehört immer dazu, zusätzlich noch etwas Disziplin und am besten auch noch ein paar liebe Menschen. Mein liebster Mensch ist Lore, meine Frau. Sie hatte zum Glück volles Verständnis dafür, daß ich runterwollte von meinen Kilos, obwohl ich durch die intensiven Dreharbeiten eigentlich viel zu sehr gestreßt bin.

Diät und Streß – auch so ein Thema. Jahrelang habe ich geglaubt, beides ließe sich nicht verbinden. Mit der Trenn-Diät FIGURAFIT geht das aber doch. Ich bin ein Arbeitstier. Dreharbeiten, Lesungen, Termine, Empfänge, gesellschaftliche Verpflichtungen. Das raubt alles Kraft. Mit einer Diät, die mich nicht satt macht, hätte ich das alles nie vernünftig unter einen Hut gebracht. Ich habe sogar, bis ich FIGURAFIT kennenlernte, fest daran geglaubt, daß sich Arbeit und Diät überhaupt nicht vertragen. Heute weiß ich: Es geht. Es ist sogar viel leichter, als so mancher immer noch glaubt.

Sie merken, ich schwöre auf FIGURAFIT und die Trenn-Diät. Ist das ein Wunder? Wie oft habe ich vorher eine Diät versucht? Vielleicht mehr, als Sie glauben. Jedesmal bin ich gescheitert. Die Trenn-Diät aus der Apotheke war daher für mich so etwas wie ein Aha-Erlebnis. An das ich, wie ich gerne zugebe, zuerst gar nicht gedacht habe. Wer so oft wie ich ohne Erfolg eine Diät versucht hat, ist natürlich skeptisch. Ich habe mir daher vor Diätbeginn ganz genau erklären lassen, wie die Trenn-Diät aus der Apotheke funktioniert. Im Prinzip ist alles einfach: Bei den fertig vorbereiteten Mahlzeiten aus dem gelben Diät-Paket sind immer Eiweiß und Kohlenhydrate getrennt. Man nimmt entweder das eine oder das andere zu sich. Nie zusammen. Das ist wichtig.

Es gibt bei FIGURAFIT täglich vier Mahlzeiten. Einen Guaranadrink am Morgen, mittags einen Vanillepudding, nachmittags einen Erdbeershake und abends noch eine Kartoffelsuppe. Man muß also nicht stundenlang am Tage hungern, sondern bekommt immer wieder etwas zu essen.

Der Ernährungswissenschaftler und Pharmazeut Dr. Gerhard W. Ruoff hat FIGURAFIT vor der eigentlichen Markteinführung in den Apotheken getestet. Vor allem seine Argumente waren es, die mich überzeugt haben. Ich las diese Argumente zufällig in der Pharmazeutischen Rundschau, die bei meinem Arzt auslag. Dr. Ruoff sagt, FIGURAFIT hat mit seinen 720 Kalorien am Tag immer noch alle Vitamine, Enzyme und Mineralien, die man täglich braucht. Man muß also überhaupt keine Angst haben wegen Mangelerscheinungen. Selbst wenn man die Diät über Wochen macht. Das finde ich wichtig, damit man leistungsfähig bleibt.

FIGURAFIT ist aber auch ausgesprochen praktisch und »benutzerfreundlich«. Selbst wenn man berufstätig ist. Man rührt sich die Mahlzeiten, die leckeren Drinks und Shakes, nach Vorschrift mit einem Schneebesen in kaltes oder heißes Wasser ein. Manchmal, wenn man ungeschickt rührt, gibt es ein paar Klumpen. Dann muß man alles noch einmal kräftig durchrühren. Oder auch, was ich ab und an gemacht habe, alles in einem Mixer wie einen Milchshake quirlen. Mehr ist aber nicht zu tun. Einfacher geht's nicht, oder? Trotzdem lebt man dann streng nach dem Trenn-Prinzip von Dr. Hay, an das ich übrigens schon seit Jahren glaube, auch wenn es immer wieder Kritiker dieser Theorien gibt. Ich bin überzeugt, weil ich es auch bei vielen Freunden erlebt habe: Durch das Trenn-Prinzip wird der Organismus schneller und besser entlastet und baut optimal Fett und überflüssige Wasseransammlungen ab. Nicht zu Unrecht wird die Trennkost daher als beste und wirksamste Diät empfohlen. Mein persönlicher Erfolg mit FIGURAFIT bestätigt das. Ich habe 20 Kilo damit abgespeckt. Das Prinzip funktioniert aber auch, wenn man es nur drei Tage einhält. Ich weiß von vielen Freunden und Bekannten: Auch wer nur ein Paket FIGURAFIT kauft, profitiert gewaltig.

Ich finde, FIGURAFIT ist ein prima Einstieg in ein schlankeres Leben. Man sieht und spürt den Erfolg sehr schnell. Und selbst wenn man nur einige Tage mit FIGURAFIT lebt, hat man eine erste und lohnende Lektion in Sachen Trennkost. Eine Ernährungsweise, die ich nur empfehlen kann. Denn sie wirkt nicht nur, sondern schmeckt auch noch. Ich bin seit meiner Diät mit FIGURA-FIT total von der Trennkost überzeugt. Und ich kann Ihnen daher nur raten: Beschäftigen Sie sich mit dieser Ernährungsform. Dieses Buch sagt Ihnen, was Trennkost ist, welche Vorteile sie hat. Außerdem finden Sie in diesem Buch für die Tage nach der FIGURAFIT-Diät viele leckere Trennkost-Rezepte, die leicht nachzukochen sind.

Ich fühle mich jetzt jedenfalls so gut, daß ich Ihnen unbedingt von meinen Diäterfahrungen erzählen möchte. Wenn Sie weiterblättern, lesen Sie, wie es mir in den ersten 14 Diättagen ergangen ist. Ich habe, je nachdem, wieviel Zeit nach meinen Dreharbeiten war, täglich ein paar Notizen gemacht. Da geht es nicht nur um Kalorien und Kilos, sondern auch um mich. Sie erfahren, wie ich lebe, was ich denke. Ich hab' einfach alles niedergeschrieben, was mir so in den Kopf gekommen ist.

Günter Strack: Meine Trenn-Diät

Damit sie mich in den nächsten Tagen besser verstehen, will ich Ihnen vorab kurz schildern, wie ich überhaupt auf die Idee gekommen bin, mein Leben und meine Ernährung umzustellen. Außerdem lesen Sie jetzt gleich, wie ich den Tag vor jeder Diät zelebriere:

»Sie müssen aufpassen«, sagt mein Doktor seit Wochen. »Sonst schlittern Sie schnurstracks ins Unheil.« Und er erinnert mich, wann immer wir uns sehen, ganz uncharmant an meinen schweren Kreislaufkollaps, der mir vor etwa zehn Jahren zu schaffen machte. Damals hatte ich die Warnzeichen zu bald wieder in den Wind geschrieben. Ich hab' die Zähne zusammengebissen, weitergemacht, mir keine Pause gegönnt. Doch man wird älter. Und glücklicherweise wird der Mensch ja auch viel vernünftiger. Also abnehmen, der Doktor hat ja recht mit dem, was er so alles sagt und an guten Ratschlägen hat. Sein Ratschlag war es auch, die Trenn-Diät zu versuchen.

Wer mich sieht, wird es kaum glauben. Doch es ist wahr. Ich bin nicht gegen Diäten. Aber ich finde, man muß sich auf so einen Eingriff ins Leben einstellen können. Darum mache ich immer einen Vorbereitungstag vor einer Diät. Da baue ich mich mental auf, stelle mich gedanklich auf die nächsten Tage ein. Ich finde das einfach besser, als abrupt alle liebgewordenen Eßgewohnheiten abzubrechen. Lore, meine Frau, denkt da übrigens genau wie ich.

Meine Lore ... Seit 39 Jahren sind wir jetzt verheiratet. Eine wunderbare Zeit. Wir haben allerhand durchgemacht miteinander und mit unseren Kindern, Michael und Susanne. Meine Frau steht immer fest zu mir. Sie ist in vielen Dingen die treibende Kraft. Sie ordnet das oft chaotische Schauspielerleben. Sie managt mich, unseren Haushalt, unser Leben. Und ab morgen, ich bin sicher, wird sie auch meine Diät managen und liebevoll überwachen.

Lore versteht mich eigentlich immer. Auch heute ist das

so. Sie verwöhnt mich noch einmal so richtig. Mittags gibt es einen deftigen, saftigen Rinderbraten, dazu knackigen Rotkohl und selbstgemachte Kartoffelklöße. Abends genieße ich noch einmal nach Herzen die »Henkersmahlzeit«: kalte Platte mit ofenfrischem Landbrot und Leberwurst. Unser Metzger hier in Münchsteinach macht eine Leberwurst ... Ich muß Ihnen sagen, danach kann man lange suchen. Danach einen guten Schoppen Wein. Meine Leidenschaft. Lore weiß das, sagt mir daher liebevoll, aber sehr bestimmt: »Günter, auch mit dem Wein wird während der Diät geknausert.«

Ich schwenke daher noch einmal versonnen mein Glas Frankenwein, schließe die Augen und lass' mir jeden Tropfen genießerisch auf der Zunge zergehen. Dabei stelle ich mir immer wieder vor, wie fit mich die Diät machen wird. Ach, wird das herrlich, wenn ich schlanker, leichter bin. Im nächsten Herbst bei der Weinlese werden sich dann alle wundern. Ich sehe schon jetzt vor meinem geistigen Auge, wie ich die reifen Trauben fast ehrfürchtig vom Weinstock schneide und hinaufbringe zum Anhänger des kleinen Traktors. Ich marschiere in Gedanken mühelos bergan und bergab, den ganzen Tag, bis die Abendnebel aufsteigen und einem die Finger klamm werden in der untergehenden Sonne.

Die Gedanken motivieren mich noch einmal kräftig, endlich mit der Diät anzufangen. Das ist übrigens ein Trick, den ich Ihnen nur empfehlen kann: Stellen Sie sich vor, wie Ihr Leben nach der Diät aussehen wird. Wie positiv sich ihr Leben verändern kann, wenn Sie schlanker sind. Das hilft einem, den Entschluß zu festigen. Während der Diät helfen solche Gedanken aber auch über Durchhänger hinweg.

Warum ich eigentlich ein so gewaltiges Übergewicht habe, werde ich oft gefragt. Das Schicksal meint es einfach zu gut mit mir: Ich lebe in einer herrlichen Gegend. Mittelfranken ist für seine gute Küche und den Wein berühmt. Außerdem bin ich ganz offenbar schon als Genießer auf die Welt gekommen. Ich mag einfach alles. Wie soll ich widerstehen bei den vielen nahrhaften Anlässen meines Lebens, wo man sich einfach nicht ausschließen kann. Hier ein Empfang, da eine Einladung. Immer wieder gibt es Verlockungen. Aber ich glaube, das geht anderen Leuten auch so, und sie werden trotzdem nicht dick. Gut und reichlich essen ist ganz sicher nicht der einzige Grund, warum manche (ich eingeschlossen) zu Übergewicht neigen. Man treibt auch zuwenig Sport, ist zu bequem. Wenn ich da an früher denke!

Es wird Sie erstaunen. Ich war als junger Mann Hessischer Meister im Hammerwerfen. Ich habe täglich hart trainiert. Aber heute? Die Ärzte haben gut reden. Ich frage mich, wann ich Sport treiben soll neben all den Terminen. Ich bin ein Arbeitstier. Da bleibt für andere Dinge leider wenig Zeit. Gut, ich nehme nie den Lift oder die Rolltreppe, sondern steige Treppen zu Fuß hoch. Wenn es meine Termine erlauben, gehe ich gerne mit unseren vier Hunden spazieren. Waren übrigens ganz arme Tiere. Zwei haben wir aus dem Tierheim geholt, zwei aus dem Urlaub im Süden mitgebracht und aufgepäppelt.

Es ist nicht so, daß ich nicht an meine Gesundheit denke. Einmal im Jahr mache ich eine Kur. Ich habe schon gefastet. Ich habe auch schon wie Helmut Kohl die Semmelkur gemacht. Ich weiß, daß ich mehr tun könnte und mehr tun sollte. Aber der Geist ist willig, und das Fleisch ist schwach . . .

Morgen, morgen wird alles besser, alles vernünftiger. Da fange ich ja erst mal die Trenn-Diät an, mache den ersten und wohl auch wichtigsten Schritt in eine gesunde Zukunft. Hoffentlich halte ich durch.

1. Diät-Tag

Der Wecker klingelt wie an jedem Wochentag um sieben. Es ist Dienstag. Ein schöner Tag. Am noch etwas dunkelgrauen Himmel sehe ich ein wenig Blau. Es wird heute sonnig. Ein gutes Omen.

Während ich meine 30 Kniebeugen vor dem Bett mache, verscheuche ich erst einmal die Leberwurst vom Vorabend aus meinen Gedanken. Leberwurst, Knödel, Braten. Das alles sind Dinge, die mich nicht mehr interessieren. Heute ist mein erster Diät-Tag. Heute wird mein Leben besser. Klingt gut. Doch als ich ins Badezimmer gehe, spüre ich ein bißchen den Bammel. Halte ich durch? Wird die Diät schmecken? Der Gang auf die Waage wischt alle Zweifel sofort und brutal beiseite. Ich muß es schaffen. Mannomann, soviel hatte ich ja noch nie auf den Rippen . . .

Die nächsten drei Jahre stehe ich unter Vertrag bei SAT 1 für eine neue Serie. »Der König« heißt sie. Ich spiele den Hannes König, einen Kriminalkommissar im Un-Ruhestand. Die Dreharbeiten finden in unserer Region statt. In Iphofen, Bamberg und Umgebung. Ich muß in keinem fremden Hotel übernachten. Ich kann abends immer heim in mein eigenes Haus, zu Lore und den Hunden. Das tut meinem Gemüt gut nach so einem langen Drehtag. Jetzt denke ich: Ist auch besser wegen der Diät, man kann sie zu Hause wahrscheinlich konsequenter durchführen. Egal, ob man nun nach Trennkost-Rezepten kocht oder sich, wie ich, für FIGURAFIT und damit für die erste fertige Trenn-Diät aus der Apotheke entscheidet.

Lore hat den Frühstückstisch liebevoll gedeckt. Ein paar Blumen. Keine Wurst, kein Käse, keine Marmelade. Also keine Versuchung. Auf meinem Platz steht eine Schale mit einer braunen, dampfenden Flüssigkeit. Lore sagt: »Günter, das ist der Guarana-Morgendrink von FIGURAFIT, der macht wach und stillt den Hunger. Das ist dein Frühstück in den nächsten Wochen.«

Ich bin mir nicht sicher, ob das das Wahre für mich ist. Vorsichtig, ja, fast scheu nehme ich den ersten Schluck. Das Zeug schmeckt wie Kaffee, ist gar nicht schlecht. Um ehrlich zu sein: Ist sogar sehr gut. Und es wirkt erstaunlich. Mit jedem weiteren Schluck werde ich munterer. Nach 15 Minuten bin ich wie aufgedreht. Doch was noch besser ist: Das Hungergefühl, das am Frühstückstisch fast so laut knurrte wie die Hunde, wenn der Postbote kommt, ist weg. Ein geglückter Start, wenn ich mal davon absehe, daß meine Schäferhündin an diesem Morgen enttäuscht die Schnauze verzieht, weil sie nicht die gewohnte Leberwurstscheibe von mir bekommt.

Noch ein Glas Mineralwasser. Dann geht's ab zum Dreh. Wir arbeiten heute in Iphofen, wo ich auch Wein anbaue. Iphöfer Kronsberg, einen trockenen Silvaner. Ich fülle im Jahr 30000 bis 40000 Flaschen in den für Frankenwein typischen Bocksbeutel ab. Weinkenner reißen ihn mir aus den Händen. Ich könnte mehr verkaufen, als die Weinberge hergeben.

Lore fährt mich heute in unserem silbergrauen Mercedes 250 zum Dreh. Ach, das Auto. Da fällt mir eine Episode aus meiner Zeit in Frankfurt ein. Ein Reporter fing mich beim Aussteigen aus dem Auto ab, fragte barsch, wieviel ich überhaupt wiege. Ich antwortete nicht, da ich nur ungern über meine Kilos rede. Doch ich schmunzelte. Was den Reporter, verständlich, nur noch neugieriger machte. Hätte der Mann sich mein Auto genau angeschaut, hätte er alles gewußt. Mein Nummernschild war damals F-DH 250. Meine Übersetzung. Friß die Hälfte bei 250 Pfund. Das ist mein Motto. Immer, wenn ich mehr als 250 Pfund erreiche, setze ich mich auf FDH. Wenigstens war das früher so. Diesmal, ich gebe es zu, war ich über diesem Gewicht.

Bei 125 Kilo liegt in etwa mein Set-Point. So nennen Fachleute das Gewicht, auf das man sich in der Regel immer wieder einpendelt.

»Günter, du schaffst es.« Dieser Satz geht bei der Autofahrt immer wieder durch meinen Kopf. Das ist positives Denken. Man muß sich immer wieder selbst Mut machen. Besonders bei einer Diät. Und ehrlich: Es wirkt. Der Gedanke ans Abnehmen macht mich an diesem Vormittag fast »high«, beflügelt mich. Ich fühle mich auf einmal besonders stark und leistungsfähig. Nur ab und an werden die schönen Gedanken durch ein Knurren meines Magens übertönt.

In solchen kritischen Diät-Momenten laufe ich nervös auf und ab, um mich abzulenken. Oder ich trinke ein Glas Mineralwasser und versuche schnell, an etwas anderes zu denken. Das klappte ganz gut. Doch ich gebe auch zu: Wenn ich an diesem Tag beim Drehen nicht den Erdbeer- und den Vanilleshake von FIGURAFIT gehabt hätte, dann wäre trotzdem gleich zum Start die erste Sünde fällig gewesen. Das Zeug wirkt als Portion so klein. Doch es quillt im Magen auf und macht daher angenehm satt. So hielt ich es ganz gut durch und ließ mir abends daheim die zur Fertig-Diät gehörende Kartoffelsuppe von Lore auftischen. Immer nach dem Motto: Etwas Warmes braucht der Mensch.

Fazit des 1. Tages: Nicht nur der Guaranashake von FIGURAFIT schmeckt gut. Auch die süßen Shakes mit Erdbeer- und Vanillegeschmack sind klasse. Die Kartoffelsuppe ist ein Genuß, selbst für einen Genießer wie mich. Ich denke, ich kann es schaffen.

Was mir auffällt: Das Hungergefühl ist bei der Trenn-Diät schwächer als bei allen anderen Diäten, die ich kenne. Bin gespannt auf morgen.

2. Diät-Tag

Wir haben wieder in Iphofen gedreht. Lore hat mich hingefahren. Wir drehen Szenen aus verschiedenen Folgen. Das erspart uns zwar manche Fahrerei und dem Produzenten teure Drehtage, aber ich sage Ihnen, so was ist verdammt anstrengend. Wir müssen uns ja auf ganz unterschiedliche Geschichten einstellen, schnell in den jeweiligen Handlungsablauf und die jeweilige Stimmung finden. Keiner darf die Textpassagen durcheinanderbringen. Ein paar Takes, so nennen wir Miniszenen, kriegen wir am Vormittag in den Kasten. Dann ist Mittagspause.

Lore ist mittags wieder am Drehort. Hat mir mein Essen gebracht. Es gibt den Erdbeershake von FIGURAFIT, der neudeutsch »Fitness Lunch Strawberry Shake« heißt. Weil ich Hunger habe und weiß, daß ich am Nachmittag nicht zum Essen kommen werde, reicht mir Lore, bevor sie ins

Auto steigt und heimfährt, gleich auch noch den Vanille-Shake, der laut Packungsbeilage den Namen »Happy Day Drink Vanilla« hat. Ich stelle ihn mir beiseite. Für die schnelle Happy-Mahlzeit zwischendurch.

Das Filmteam und die Kollegen wundern sich. »Heute schon wieder kein Mittagessen im Goldenen Anker?« fragt einer der Tontechniker ganz erstaunt. Ich sage mit festem Ton: »Nein, auch heute nicht. Und die nächsten Wochen auch nicht.« Muß überzeugend gewirkt haben, denn die Kollegen schweigen, sind echt erstaunt. In mir hingegen rumort es. »Verschwindet«, herrsche ich meine Gedanken an. Denn sie kreisen beim Stichwort Goldener Anker um ein goldgelbes, schönes Jägerschnitzel mit Kartoffelsalat, abgerundet natürlich mit einem Gläschen Wein. Die Gedanken gehorchen, weil mein Magen wirklich nicht hungrig ist. Welch Glück. Doch ich gestehe mir in diesen Sekunden auch ehrlich ein: Auf den FIGURAFIT-Vanillepudding, der in meiner Garderobe steht, bin ich jetzt wirklich nicht besonders versessen, obwohl er schmeckt und mich irgendwie an Lores Vanillepudding erinnert, den sie früher immer für die Kinder kochte.

»Wir können wieder«, sage ich zu Michael Roll. Er spielt in der Serie meinen Assistenten. Als ich aufs Set gehe, denke ich: Wenn das so weitergeht mit der Diät, soll's mir recht sein. Gute Laune. Keinen Hunger. Günter, so macht eine Diät doch wirklich mal Freude.

Wenn ich hungrig bin, kann ich nicht arbeiten. Ich bin dann empfindlich und gereizt. Lore behauptet sogar, mit hungrigem Magen bin ich unausstehlich. Da sich die Kollegen bis jetzt noch nicht beschwert haben, ist diesmal wohl alles anders.

Wir drehen konzentriert bis in die Dunkelheit. Danach rufe ich Lore an: »Kannst misch hole.« Früher, auf der Schauspielschule, haben sie mich aufgezogen mit meinem hessischen Dialekt. Mühsam verdrängte ich ihn für die Bühne. Seit ich bei den »Drombuschs« den Onkel Ludwig spiele – übrigens ein prächtiges Schlitzohr, wie ich finde –

und seit den »Hessischen Geschichten«, darf ich wieder in meinem Heimatdialekt reden, wie mir der Schnabel gewachsen ist. Ich wohne zwar in Mittelfranken, und das sehr gerne, aber meine eigentliche Heimat ist Darmstadt. Dort wurde ich 1929 geboren, dort hatte ich eine glückliche Kinder- und Jugendzeit.

Fazit 2. Tag: Viel geschafft. Bin in jeder Sekunde trotz Diät hellwach und konzentriert.

Was mir auffiel: Das Hungergefühl wird immer schwächer. Und ich denke, der Guarana-Drink am Morgen ist ein Muntermacher erster Güte. War selten so klar im Kopf, so leistungsfähig. Glaube, daß ich schon 2 bis 3 Kilo runterhabe.

3. Diät-Tag

Lore holt mich vom Drehen ab. Ich sitze neben ihr auf dem Beifahrersitz und versuche, etwas zu entspannen. Geht nicht. Lore ist ein Teil von mir. Sie will immer alles wissen, fragt auf der Fahrt fast entschuldigend: »Günter, wie war es denn heute mit dem Hunger? Sei ehrlich. Und denk daran: Ich bin dir wirklich nicht böse, wenn du nicht mehr kannst.« Hunger? Ich muß erst einmal überlegen. Nein, Hunger hatte ich heute wirklich nicht. Aber plötzlich im Wagen tauchen Visionen von vollen Tellern auf. »Na, Lore«, flöte ich zuckersüß in Richtung Fahrersitz hinüber – schließlich bin ich ja nicht umsonst Schauspieler, »wie wär's mit em ganz, ganz kleine Schnitzelsche nachher? Die Kartoffelsuppe von der Diät kann ich ja auch später noch esse.« Lore, eben noch die Verständnisvolle, bekommt ein paar Falten auf der Stirn, atmet schwerer als sonst. Sie ringt mit sich. Ich sehe richtig, welche Gedanken durch ihren Kopf rasen: Soll ich nachgeben? Soll ich jetzt schon wirklich nachgeben? Ich befreie meine Frau von dieser Qual, sage mit einem Lächeln: »War nur ein Scherz. Alles o.k. Ich hab' kaum Hunger, freue mich auf das Kartoffelsüppchen.«

Es gibt immer Ausflüchte, wenn man auf Diät ist. Mal ist

es der Hunger, mal der Streß. Wer hungert, hat unendlich viel Phantasie, entwickelt richtige Taktiken, um sich selbst zu betrügen. Ich kenne das von anderen Diäten. Lore, nun schon wieder ganz entschieden, sagt: »Günter, bleib bitte konsequent. Denkst du erst ans Sündigen, ist die Diät bald dahin. Das weißt du doch.« Sie gibt mir quasi zur Vorbeugung dann auch noch einen Rat für den Fall, daß mich doch noch der Hunger erwischen sollte: »Dreh's Fenster runter, schrei deine Wut zum Fenster raus, friß sie nicht immer in dich hinein.« Nicht unvernünftig, meine Lore. Manche Experten sehen tatsächlich einen Zusammenhang zwischen Gefühlen, die man manchmal unterdrückt und dem Essen, das einem dann so was wie Trost gibt.

Zu Hause kocht Lore mir die »Good night Potato-Cream« von FIGURAFIT. Na ja, nicht gerade das, wovon man nach einem langen Tag träumt. Aber sie schmeckt, macht schlank, ist hundertprozentig sicher Trennkost. Ist doch auch etwas.

Obwohl ich nach dem Tag sehr müde bin, raffe ich mich vor dem Schlafengehen noch mal auf und gehe mit den Hunden noch ein paar Runden in unserem Garten spazieren. Die kalte Abendluft tut gut. Die Hunde sind dankbar für den unerwarteten Sonderausflug. Unser Haus liegt direkt an der Straße. Von draußen ahnt man es nicht. Doch wir haben einen großen Garten, der direkt an ein Feld angrenzt. Der Blick ist frei. Wenn ich auf meiner Terrasse sitze, schaue ich in die sanfte Hügellandschaft, die durch ein kleines Flüßchen durchbrochen wird. Ich liebe diesen Blick. Er ist zu jeder Jahres-, zu jeder Tageszeit anders.

An diesem Abend habe ich jedoch wenig Sinn für die Schönheit der Natur, obwohl der Himmel klar ist und man in der Dunkelheit Millionen Sterne funkeln sieht. Ich habe in puncto Diät keine Sternstunde. Ich schiele lieber durchs Fenster in unsere »Weinstub«. So nennen Lore und ich unser gemütliches Zimmer, wo wir Gäste empfangen und bewirten. Entweder an dem großen Tisch, an dem 15 Personen Platz haben, oder an einer rustikalen Holztheke.

Hinter dieser Theke habe ich mir einen Kühlschrank einbauen lassen, der meine Silvanerweine auf der richtigen Temperatur hält. 10 Grad sind optimal. Ich schenke gern an Gäste aus. Aber am liebsten, man möge mir diese Ehrlichkeit verzeihen, an mich selbst. Ist jetzt wirklich schlimm: Der Verzicht auf den guten Schoppen Wein am Abend fällt mir wahnsinnig schwer. Hätte ich nicht gedacht.

Wie ich so dastehe, sehe ich mich in eines der blankgeputzten Sommeliergläser, die ich in unserem Bauernschrank aufbewahre, Wein einschenken. Welch schönes Bild. Ich halte den Bauch der Bocksbeutelflasche flach zum Glas. Mein Daumen liegt auf dem Etikett. So kredenzen hier die Winzer ihr »flüssiges Gold«. Ach, wenn ich mir erst wieder ein Gläschen gönnen darf . . .

Fazit 3. Diät-Tag: Mußte bei den Dreharbeiten heute häufiger ein kleines Päuschen einlegen. Die Entwässerung ist recht massiv. Habe das Gefühl, daß ich wahnsinnig Gewicht verliere. Aber auf angenehme Art. Wieder kein Magenknurren den ganzen Tag.

4. Diät-Tag

Lese morgens in der Zeitung, daß ein japanischer Winzer seine Weine mit klassischer Musik beschallt, um die Qualität zu verbessern. Morgens erklingt in den Kellereien »An der schönen blauen Donau«, mittags Johann Sebastian Bach, abends werden Schubert und Brahms gespielt. Das könnte ich ja auch mal ausprobieren, aber nur heimlich, damit mich meine Winzernachbarn nicht für völlig übergeschnappt erklären.

Bin stolz auf mich, halte eisern durch, esse brav meine FIGURAFIT-Drinks und -Shakes der Trenn-Diät. Außer Mineralwasser sonst nichts, rein gar nichts. Geht super. Das Drehen macht trotz Diät sogar meistens richtig Spaß. Doch mittags denke ich, ich sollte mal mit den Herstellern von FIGURAFIT reden. Die Portionen könnten größer sein. Ein paar Sekunden später denke ich jedoch schon wieder vernünftig. Wäre ja auch nicht übel, wenn mein Appetit kleiner wäre.

Seit heute bin ich absolut sicher, daß die Diät klappt. Die Hose ist schon weiter. Dietrich, mein Maskenbildner, sagt, meine Haut sei besser, straffer und intensiver durchblutet. Kann an der frischen Luft liegen. Vielleicht aber auch ein Nebeneffekt der Diät. Ist egal. Hauptsache, ich sehe gesund und frisch aus.

Bin jetzt ganz gespannt auf das Resultat der Waage.

Meine Erfahrung ist: Bei einer Diät bloß nicht jeden Tag wiegen. Das macht einen nur ganz verrückt. Man nimmt ja doch nicht so rapide ab, wie man sich das wünscht. Da gibt es von Tag zu Tag ein Auf und Ab, und manchmal scheint es so, als ob man überhaupt nicht abnehmen würde. Wenn man sich nur einmal pro Woche wiegt, hat man ein deutlich sichtbares Erfolgserlebnis.

Lore hat mir beigebracht, wie ich die Drinks und Shakes von FIGURAFIT anrühre. Habe jetzt immer einen kleinen Schneebesen bei mir. Ist alles ganz, ganz einfach.

Fazit 4. Tag: Es wird alles leichter und leichter, selbst die Diät. Ganz erstaunlich, wie gut ich drauf bin, wie klar mein Kopf ist. Selbst bei der Fastenkur in der Klinik habe ich mich nicht so wohl gefühlt wie jetzt.

5. Diät-Tag

Samstag, Familientag: Susanne, meine Tochter, kommt mit ihrem Mann und unserem Enkel. Ich freue mich immer, wenn sie da sind. Sie leben in Nürnberg. Das ist nur ein Katzensprung zu uns. War auch einer der Gründe, warum wir von Darmstadt nach Münchsteinach gezogen sind. Michael, mein Sohn, ist dann auch näher dran. Er lebt in München.

Als ich wie immer meinen Guarana-Shake am Frühstückstisch trinke, merke ich: Lore ist heute ein bißchen nervös. Nicht nur weil die Kinder in einer Stunde kommen, sondern auch, weil im Haus alles drunter und drüber geht. Dauernd kommen Anrufe. Reporter wollen Interviews.

Außerdem ist mit unserer Elektrizität etwas nicht in Ordnung. Das Licht flackert. Bewundernswert, wie Lore das alles managt. Wenn ich Tag für Tag drehe, bekomme ich solche Sachen ja nicht einmal mit. Lore schirmt mich ab von all den Dingen, die mich ablenken und belasten könnten. Auch dafür liebe ich sie.

Mittagessen. Ich bekomme meinen Vanille-Shake aus der FIGURAFIT-Packung. Die Kinder und Lore essen Trennkost-Gerichte. Da ist Lore ganz konsequent. Mitgefangen, mitgehangen. Aber warum auch nicht. Trennkost ist eine leckere Sache. Ich beneide die Familie am Mittagstisch. Lore hat selbst gekocht. Es gibt Spargelsuppe, dann Rahmchicoree und zum Dessert Melonen-Kaltschale. Sieht wirklich gut aus.

Bei uns in der Küche hängt mittlerweile ein großer Zettel, auf dem hat sich Lore die drei Gruppen von Lebensmitteln notiert, die bei der Trennkost entscheidend sind. Eine Spalte für die kohlenhydratreichen Lebensmittel, eine für die eiweißreichen und eine für die neutralen. Man hat ja nicht so schnell im Kopf, welche Sachen man kombinieren darf. Im Prinzip, so merke ich aber mehr und mehr, ist es doch sehr einfach: Man darf kohlenhydratreiche mit neutralen Lebensmitteln kombinieren. Oder auch eiweißreiche mit neutralen Speisen. Wovor man sich hüten muß, ist nur die Mischung von Kohlenhydraten und Eiweiß. Das ist, so hat mir Lore erklärt, der Kardinalfehler. Ein Fehler, den ich gar nicht machen kann. FIGURAFIT ist so abgestimmt, daß bei jeder Mahlzeit jedes Trennkost-Prinzip eingehalten wird.

Weil heute die Kinder da sind und ich mich bisher so brav an meine Diät gehalten habe, gibt es für mich am Abend ein Gläschen Wein. Herrlich, einfach köstlich. Mein Gaumen, ohnehin auf den Geschmack von Weinen trainiert, reagiert noch sensibler, noch feiner als sonst und ist durch die Diät ganz jungfräulich und unbelastet. Ich schmecke besser und stelle wieder einmal mit Vergnügen fest: Günter, dein eigener Wein ist einfach Spitzenklasse.

Übrigens: Jeder sollte sich bei einer Diät zwischendurch mal eine kleine Gaumenfreude leisten. Das erfreut das Herz, ist eine gelungene Belohnung. Das vertrete nicht nur ich, sondern auch so mancher kluge Diät-Experte. Es liegt doch auf der Hand: Auch bei einer Diät darf die Lebensfreude nicht zu kurz kommen. Denn wer sich zwischendurch mal richtig freut, der sündigt weniger.

War heute sehr fleißig, obwohl die Familie da ist. Habe mich den ganzen Nachmittag mit dem Drehbuch zurückgezogen und meinen Text für die nächsten Drehtage gepaukt. So sechs bis acht Seiten müssen täglich sitzen. Lore hört mich immer ab. Würde uns jemand dabei zuschauen, müßte er wohl schallend lachen: Ich kann beim Lernen nicht stillsitzen, muß immer auf und ab gehen, bin wie aufgezogen. Lore bleibt nichts anderes übrig, als hinter mir herzulaufen. Nervte mit dieser Marotte schon meine Lehrer. Doch komisch: Heute war ich ruhiger, habe sogar beim Lernen mal gesessen. Mir kommt es so vor, als würde mich die Diät gelassener machen. Auch mein Kopf ist leicht und klar. Ich kann gut und präzise lernen. Ein toller Nebeneffekt.

Fazit 5. Tag: Die massive Entwässerung hält an. Mußte den Hosengürtel morgens schon zwei Löcher enger schnallen. Bin sicher, daß schon mehr als 6 Kilo runter sind.

6. Diät-Tag

Was für ein Tag. Schon gleich morgens geht es bei uns zu wie im Taubenschlag. Von Sonntagsstimmung keine Spur. Vormittags kommt ein Team, das drehen will. Ein Strack-Porträt. Am Nachmittag noch eine Journalistin, die mich interviewt. Alles recht. Durch die Hektik bin ich abgelenkt. Haltet mich nur auf Trab. Die Bewegung wird meine Diät sicher unterstützen.

Ich habe mal gelesen: Ablenkung ist die halbe Miete. Erfahrene Diätler sagen, es ist besser, Fenster zu putzen, als die ersten Diäterfolge durch eine von Langeweile ausgelöste Hungerattacke zunichte zu machen. Komisch. Ich habe gar keinen Heißhunger. Ich fühle mich rundrum wohl. Könnte jetzt sogar auf einen der Shakes von FIGURAFIT verzichten, brauchte nicht mal die vier bei der Trenn-Diät aus der Apotheke angebotenen Mahlzeiten.

Das Filmteam nimmt das halbe Haus auseinander, rückt Möbel von den Wänden ab, nimmt Lampen von der Decke. »Das wird aber alles wieder aufgeräumt«, verlange ich. Hoffnungslos wie immer. Als die Kameras weg und die Scheinwerfer abgeschaltet sind, stehen Lore und ich vor dem Chaos. Ich gebe mittendrin ein Interview, verabschiede die Kinder, esse meine Kartoffelsuppe. Und dann, ja, dann packen Lore und ich an. Wir räumen bis spät in die Nacht unsere Wohnung auf. Ein harter Abschluß des Sonntags. Dennoch bin ich zufrieden, habe heute sogar mehrmals völlig unmotiviert vor Freude gepfiffen.

7. Diät-Tag

Liebe Güte, vergangene Nacht hat mir ganz schön der Magen geknurrt. Habe mich vielleicht zu sehr verausgabt mit dem Tragen der Möbel. Bin dann aufgestanden, habe mir einen Vanilleshake von FIGURAFIT angerührt. Hat wie ein Schlaftrunk gewirkt. Vermutlich, weil er süß ist. Es ist ja eine altbekannte Tatsache: Viele Menschen schlafen schlecht oder wachen mitten in der Nacht auf, weil der Blutzuckerspiegel abrutscht und innere Unruhe bzw. Nervosität auslöst. Da hilft es oft schon, wenn man ein Bonbon lutscht. Jedenfalls ist das viel besser als alle Schlaftabletten.

Zum Glück habe ich nie in meinem Leben Schlaf- und Beruhigungsmittel gebraucht. Selbst nicht in kritischen Situationen. Ich habe eine starke innere Ruhe, zumindest sehr häufig. Ich kann sehr gut entspannen. Vor Jahren habe ich eine Entspannungstechnik gelernt, autogenes Training. Eine Art Selbsthypnose. Man gewinnt damit Einfluß auf seinen Körper, kann das vegetative, das unbewußte Nervensystem steuern.

Wieder Start in den Tag mit dem Guaranadrink. Lore fährt mich zur Arbeit. Hoffentlich sehen mich heute die

Nachbarn nicht. Für die Rolle des Kommissars König mußte ich mir einen Stoppelbart wachsen lassen, und die Haare sind ganz fusselig. Sieht wild aus.

Hunger? Heute wieder kein Problem. Der Guarana-Drink hält vor bis mittags, bis zum Erdbeer-Shake. Nachmittags wieder Vanillepudding. Rühre ihn jetzt selbst an. Komisch, ich freue mich jetzt jeden Tag richtig auf die cremige Kartoffelsuppe am Abend. Leider ist heute nicht mal Zeit, um die Suppe richtig zu genießen. Die Dreharbeiten haben länger als geplant gedauert. Muß mich schnell umziehen. Wir haben eine Einladung. Es wird, wie immer, sicher ein kaltes Büfett geben. Im Schlafzimmer beim Umziehen bin ich platt. Die Hose wird weiter und weiter. Muß wohl bald zum Schneider . . .

Lore ist besorgt und ein bißchen sauer: »Du mutest dir immer zuviel zu. Warum kannst du nicht mal ›nein‹ sagen, warum kannst du nicht mal einen Termin auslassen?« Ein Dauerthema bei uns. Aber Lore weiß auch, daß diese Kritik am Ende zwecklos ist. Ich bin ein Mensch, der sich gern viel auflädt, der sich gern viel abverlangt. Daher verstummt die Kritik auch meist sehr schnell. Lore ist eine kluge Frau. Sie muckt mal auf, aber sie nörgelt nicht.

Sie macht sich an diesem Abend besonders hübsch und geht wie immer brav mit. Wir sind halt unzertrennlich. Sicher ist sie heute aber auch dabei, um mir beim Büfett auf die Finger oder besser auf den Teller zu schauen. Ist lieb gemeint, aber gar nicht nötig. Ich habe keinen Hunger, jedenfalls nicht, als wir daheim abfahren. Doch als ich dann vor dem großen, leckeren Büfett stehe, werde ich schwach. Ich nehme mir den kleinsten Teller und hole mir ein wenig Matjes. Lecker, einfach lecker. Auch als der Kellner mit dem Wein an mir vorbeikommt, habe ich keine Gewalt mehr über meine Hände. Ich greife zu. Einfach wunderbar, so ein guter Tropfen.

Lore sagt kein Wort. Sie schaut mich nur liebevoll und fragend an. Ich verspreche ihr: »Nur eine kleine Sünde. Danach bleibe ich hart.« Ich esse an diesem Abend auch, damit nicht ständig jemand fragt, warum ich denn nicht wie sonst mit Genuß zugreife. Eine Art Selbstschutz. Sonst müßte ich die Sache mit der Diät erklären. Das will ich nicht.

Ich habe schon oft gehört, daß man im Gespräch mit anderen Leuten seine Diät gar nicht so betonen soll. Die anderen langweilt es, und man selber tut sich so leid dabei. Besser, man erzählt davon erst hinterher, wenn man es geschafft hat. Obwohl ich meine, daß man dann ja das Ergebnis sowieso sieht und es jedem auffällt.

Lore hat sich schnell wieder beruhigt. Wir verbringen einen netten Abend. Zu Hause bin ich so müde, daß ich kein bißchen darüber nachdenken kann, ob die kleine Portion Matjes nun geschadet hat oder nicht. Wir gehen sofort zu Bett. Morgen habe ich einen anstrengenden Drehtag vor mir. Und den Tag der Wahrheit. Die erste Diät-Woche ist rum. Der Gang auf die Waage steht an.

8. Diät-Tag

Mal ein Wort an alle Übergewichtigen, die noch zögern: Glauben Sie mir, Aussehen und Selbstwertgefühl hängen eng zusammen. Wer sich in seiner Haut nicht wohl fühlt, der ist oft auch unsicher mit sich selbst und anderen. Wer seinen Körper zu seinem Vorteil verändert, peppt seine Persönlichkeit gleich ein bißchen mit auf. Untersuchungen haben ergeben, daß schlanke Menschen ein höheres Selbstwertgefühl haben. Aber ich merke jetzt, daß man von seinem Willen wirklich überzeugt sein muß, wenn man schlanker werden möchte. Manchmal frage ich mich, warum einen die Leute nicht in Ruhe lassen mit ihrer Schwarzseherei und ihren Unkenrufen. »Ach, komm, Günter«, sagt heute ein Freund am Telefon, »deine Figur ist dein Markenzeichen. Und außerdem hältst du doch keine Diät durch. Ich kenn' dich schon so lange.«

Irrtum, mein Lieber, mir schlottert schon der Hosenbund. Ich habe, Sie werden es kaum glauben, schon die ersten 9 Kilo runter. Jedenfalls sagt das meine Waage. Tolles

Ergebnis für eine Woche. Besser als jede Kur, die ich bisher gemacht habe. Und was phantastisch ist: Ich hab' jetzt immer weniger Hunger. Der Körper hat sich an die Portionen von FIGURAFIT gewöhnt, fordert gar nicht mehr.

Viele versuchen ja, ihren Hunger mit Appetitzüglern zu unterdrücken. Ich kann nur warnen: Nehmen Sie solche Medikamente ausschließlich, wenn Ihr Arzt sie verschreibt. Nie auf eigene Faust. Es handelt sich immerhin um hochwirksame »Chemikalien«, die nicht »ohne« sind. Eine Bekannte von Lore wurde schwer abhängig. Eine schreckliche Geschichte. Die Frau mußte einen langwierigen Entzug mitmachen. Das wünscht man seinem ärgsten Feind nicht. Sie hat es jetzt hinter sich. Lore und ich haben in dieser Zeit mitgelitten mit der armen Frau.

Bin spät von den Dreharbeiten heimgekommen, habe auch heute wieder kaum Zeit, um in Ruhe meine abendliche Diät-Mahlzeit einzunehmen. Lore wartet schon auf mich. Sie fragt schon gar nicht mehr, wie am Anfang der Diät: »Günter, wie war's denn heute mit deinem Hunger?« Das ist kein Thema mehr. Das reduzierte Essen wird offensichtlich genauso schnell zur Gewohnheit wie das Schlemmen.

Das Telefon klingelt schon wieder. Die Hunde sind heute unruhiger als sonst. Ich bin, ich weiß auch nicht warum, plötzlich gereizt. Lore hat schon recht: Ich halse mir manchmal viel auf. Vermutlich zu viel. Dabei bin ich doch gar nicht der starke Mann, für den mich so viele halten.

Früher spielte ich oft Rollen von Bösewichten. Aber in Wirklichkeit bin ich eher ein gütiger, ein sanfter und empfindsamer Mensch. Lore nennt das, was mich charakterlich auszeichnet, auch Gutmütigkeit. Und sie hat Angst, daß ich mich ausnutzen lasse. Die Gefahr besteht. Ich weiß das. Aber ich bin nun mal jemand, der gern in Harmonie lebt. Lassen Sie es mich so sagen: Die Leute reden zuwenig miteinander, und teilen können sie auch nicht. Das sieht man ja an der Situation mit den neuen Bundesländern. Wohlstand garantiert eben noch lange nicht, daß die Menschen auch seelisch gesund sind. Ich spiele daher gern Rollen, in denen ich menschliche Wärme rüberbringen kann und zeigen darf, daß Aufeinander-Zugehen die beste Lösung für fast alle Probleme und Konflikte ist. Der Pfarrer Adam Kempfert in der Serie »Mit Leib und Seele« war ja einer dieser herzensguten Menschen. Das war eine Klasserolle.

Es gibt Tage, da zerrt alles an den Nerven. Ich mag Menschen, aber manchmal ist es unmenschlich, was man von mir verlangt. Drehen, Texte lernen, Fanpost aufarbeiten, Termine abstimmen und und und ... Heute spüre ich die ganze Last des Alltags. Und mein Weg führt mich nach der Abendmahlzeit, also nach der Kartoffelsuppe, ganz bewußt in unsere heimelige »Weinstub«. Ich entkorke andächtig eine Flasche Wein, genehmige mir ein Glas zur Entspannung. Heute muß das sein. Ich möchte wieder zu meiner inneren Ruhe finden. Lore versteht das. Keine Kritik, keine Ratschläge. Sie setzt sich zu mir, geht noch mal den Text für morgen mit mir durch.

So kann ich entspannen. So kann ich meinen Gedanken nachhängen. Ich denke gerne an die Zeit, in der alles anfing. Mein erstes Engagement war 1949 in Oberhausen. Ich debütierte als Ferdinand in Friedrich Schillers »Kabale und Liebe«. Das Stück handelt von der aufrichtigen und unerschütterlichen Liebe eines Adligen zu einem bürgerlichen Mädchen. Er vertritt diese Liebe auch gegen seinen wütenden Vater. Ach, Lore, das waren Zeiten! Was wäre wohl aus mir geworden, wenn ich dich nicht gehabt hätte? Gute Nacht, mein Engel.

9. Diät-Tag

Habe mich gegen meinen eigenen Rat entschieden, bin gleich morgens auf die Waage gegangen. Bin jetzt bei 11 Kilo weniger. Habe gestern offenbar einen gewaltigen Diät-Schub gehabt. Das strengt den Körper natürlich auch an. Vielleicht war ich darum am Abend so gereizt.

Schwamm drüber. Heute ist ein neuer Tag. Ich habe tief geschlafen, bin wieder ganz munter.

FIGURAFIT. Ich bin begeistert von der Diät. So unkompliziert habe ich noch nie abgenommen. Toll auch, daß ich zum erstenmal trotz Diät so hart arbeiten kann. Zugegeben: Ich arbeite wie besessen, obwohl ich mich eigentlich schon auf meine Rente freuen kann. Aber wissen Sie, so geht es vielen freien Künstlern. Wir haben alle Angst, morgen ohne Arbeit dazustehen. Das steckt in einem drin. Man sieht es heute ja auch an Leuten, die noch einen Arbeitsplatz haben. Die schuften, um ihn zu behalten. Die Zeiten sind eben härter geworden. Man sollte nur darauf schauen, daß die Gesundheit mitmacht. Man trägt schließlich Verantwortung für sich und für seine Familie. Meine Arbeitskraft und meine Kreativität sind unser Familienkapital. Das will pfleglich behandelt werden.

Ich fühle mich viel besser als vor anderthalb Wochen. Vor der Diät war ich doch oft mal müde, hätte mir mehr Elan gewünscht, um alle Anstrengungen durchzustehen. Heute bin ich überzeugt: Die Trenn-Diät FIGURAFIT ist nicht nur ein Schlankmacher, sondern auch ein Fitmacher erster Güte. Ich bin wieder tatendurstig, stecke voller Lebensfreude. Und die FIGURAFIT-Mahlzeiten machen mir richtig Vergnügen. Sie sind so schnell zubereitet und, ganz unter uns Pfarrerstöchtern, echt idiotensicher.

Es gibt ja verschiedene Theorien, wie das Körpergewicht zustande kommt. Die einen sagen, daß die Natur die Regulation des Körpergewichts übernimmt. Biologische Informationen wie Erbanlagen, Hormone, Ernährung und Bewegung bestimmen den Set-Point, also den persönlichen Gewichtspunkt. Das hieße ja, daß man Opfer seiner Biologie ist, oder? Aber die Forscher sagen auch, daß der Set-Point gar keine feste Marke ist, sondern ein Spielraum. Den kann man beeinflussen. Sonst könnte eine Diät gar nicht funktionieren. Also, ich kann es nicht anders sagen: Super! Bei mir purzeln die Pfunde jetzt schneller und schneller.

Merkwürdig: Lore schaut mich morgens auf so eine ganz bestimmte Art an. Und ich will gar nicht mal sagen, daß mir das nicht gefällt. Ich glaube, sie freut sich riesig, daß ich abnehme. Sie ist stolz. Und wenn eine Frau stolz auf ihren Mann ist, liebt sie ihn. Vielleicht sogar etwas intensiver als sonst. Mir gefällt das jedenfalls. Man ist halt doch eitel.

Wer liebt, der verzeiht eher, der hat mehr Verständnis. Lore, sonst eher etwas streng und konsequent, sagt mir am Frühstückstisch: »Günter, als wir 1955 heirateten, hab' ich dir versprochen, ich geh' mit dir durch dick und dünn. Vergiß nicht, das gilt immer noch.« Nett. Das ist ihre Art, mir klarzumachen, daß sie auch zu mir hält, wenn ich jetzt aufgebe. Danke, Lore. Aber keine Sorge. Gleich ist der Guaranadrink unten. Und auch dieser Tag ist ein Tag, an dem ich eisern bleibe. Keine Sünde, selbst wenn sie mir von heute an von meiner Frau gestattet wird.

10. Diät-Tag

Schnell ein Blick in die Zeitung. Eine Meldung macht mich nachdenklich: Ein katholischer Priester baut mit 2,3 Promille im Blut einen Autounfall und kommt ums Leben. Seine uneheliche Tochter bekommt keine Waisenrente. Die Richter sagen, der Priester hat die Wartezeit für seine Rente noch nicht erfüllt. Er war erst 31 Jahre alt. Seine Tochter ist 15. Komisch, da wird einer mit 16 Vater und wählt dann den Priesterberuf. Ich bin ja ausgesprochener Gegner des Zölibats. Mit Lore bin ich eine Ewigkeit verheiratet, und ob Sie's glauben oder nicht: Der Moment, als ich ihr zum ersten Mal begegnete, ist immer noch der glücklichste Moment in meinem Leben.

Vom Zölibat steht nirgendwo etwas in der Bibel. Ich selbst bin ja evangelisch und nur gelegentlich praktizierender Protestant. Ich glaube nicht an jedes Dogma der Kirche. Ich halte den Kirchenkritiker Eugen Drewermann für einen fähigen Mann. Solche Persönlichkeiten gibt es viel zuwenig. Ich meine: Die Kirche sollte sich reformieren. Aber das geht nur von unten, denn die Oberen geben ihre

Macht doch nicht auf! Den Pfarrer Kempfert in »Mit Leib und Seele« hab' ich gern gespielt. Der war Mensch, kein Heiliger. Ich hab' waschkorbweise Zuschriften bekommen, die Leute baten mich um seelsorgerische Hilfe. Passiert oft, daß die Zuschauer mich, den Schauspieler, verwechseln mit den Figuren, die ich spiele.

Lore bearbeitet meine Fanpost. Ich würde gar nicht dazu kommen bei meinem Termindruck. Ich hab' jetzt schon wieder ungefähr 120 Drehtage fürs nächste Jahr und an die 100 andere Termine. Empfänge, Lesungen und so weiter. Und im Sommer will ich auch wieder nach Lanzarote. Da waren wir schon 23mal, dort ist es einfach herrlich: Kein Telefon, kein Faxgerät, kein Rollenstreß. Nur himmlische Ruhe.

Lore reißt mich aus meinen Gedanken: »Günter, du mußt zum Drehen!« Sie fährt mich. Wir kommen an dem Wäldchen vorbei, in das ich unseren Förster manchmal begleite. Wir beobachten zusammen das Wild. Auf Tiere schießen könnte ich nicht. Aber während wir so dahinfahren, frage ich mich, ob Tiere eigentlich auch Figurprobleme haben? Ich meine, außer vielleicht Hunden und Katzen, deren Besitzer es zu gut mit ihren Lieblingen meinen und sie dickfüttern. Draußen, in der Natur, futtern sich die Tiere ihren Winterspeck an, um über karge Zeiten zu kommen. Im Frühjahr nehmen sie automatisch wieder ab. Niemand tuschelt: Meine Güte, ist der aber dick. Wissen Sie, die Dicken machen ja oft einen gemütlichen und lustigen Eindruck, als ob sie nichts erschüttern könnte. Was aber die wenigsten wissen: Dicke sind auch ganz besonders sensibel. Glauben Sie mir, jede anzügliche Bemerkung zum dicken Körper tut weh. Psychologen sagen sogar, daß sich die Leute mit ihrem Übergewicht eine Art Schutzschicht zulegen, damit man ihre Seele nicht so verletzen kann.

Vielleicht ist das bei mir auch ein wenig so. Muß wohl so sein.

Fazit 10. Diättag: War heute früh wieder heimlich auf der Waage. Hätte ich besser nicht tun sollen. Stehe auf einem Diätplateau. Es waren gerade mal 500 Gramm weniger als am Tag zuvor. Übrigens: Ist man auf einem solchen Plateau, kann das Gewicht sogar mal wieder zunehmen. Der Körper trennt sich dann nur schwer vom Wasser. Hab' ich alles schon bei anderen Diäten erlebt.

11. Diät-Tag

Weiter mit der Schlankheitsdiät. Weiter mit FIGURAFIT. Na, jetzt könnte auch mal wieder etwas anderes kommen. 11 Tage sind eine lange Zeit. Darum setze ich mir ein Ziel: Wenn ich 20 Kilo runterhabe, mache ich eine Pause. Vielleicht für ein paar Wochen, vielleicht auch für ein paar Monate. Dann mache ich weiter mit der Diät. Vielleicht schaffe ich mit FIGURAFIT ja sogar 50 Kilo weniger, wäre ja möglich. Ist sicher möglich! Und wenn ich zwischendurch konsequent bleibe und wirklich nur esse, wenn ich Hunger habe, bin ich vielleicht schon Ende des Jahres so vollschlank wie seit etwa 20 Jahren nicht mehr. Zukunftsmusik.

Heute wird gedreht. Heute gibt es wieder morgens den Guaranadrink, über Tag den Vanille- und Erdbeershake und am Abend die leckere Kartoffelsuppe. Diät ist Diät.

Ich trinke jetzt übrigens sehr viel. Durst ist ein Alarmsignal des Körpers, sagen Ernährungsexperten. Daher soll man nie richtig durstig sein, sondern viel, viel trinken. Ich schlürfe daheim und am Drehort jetzt bestimmt täglich 3 oder vier Flaschen Mineralwasser weg. Ist gut für die Nieren und den Stoffwechsel. Egal, ob man gerade auf Diät ist oder nicht.

Kilos, Kilos. Da fällt mir eine Geschichte ein: Ich war mal zur Kur in Oberstaufen in der sogenannten »Hungerburg«. Da habe ich wirklich geschmachtet, mir ganze 12 Kilo runtergehungert. Und dann, am letzten Kurtag, machte ich einen Riesenfehler. Weil der Magen so leer war, kaufte ich mir einen riesigen Bergkäse. Lore sagte ungerührt: »Jetzt trägst du das Gewicht vor dir her, das du abgenommen hast.« Recht hatte sie. Aber sie hatte auch damit recht, daß der Käse meine ganze schöne Hungerkur wieder zunichte machen würde. Kaum daheim, aß ich den Bergkäse. Aber natürlich nicht nur ihn, sondern auch andere leckere und fette Sachen. Zwei Wochen später war all das wieder drauf, was ich mir so mühsam abgehungert hatte. Ich denke, eine Diät ist gut und schön. Man nimmt ab. Doch was nutzt die beste Diät, wenn man danach ausgehungert ist und gar nicht weiß, wie man sich vernünftig ernähren soll. Da finde ich FIGURAFIT besser. Die Trenn-Diät aus der Apotheke ist der optimale Einstieg in die Trennkost, also in eine vernünftige und schlankmachende Ernährungsform, die man sein Leben lang einhalten kann. Darum sage ich allen, die wie ich abnehmen wollen: Überdenken Sie Ihre Eßgewohnheiten. Wählen Sie eine Diät, die Sie dabei unterstützt. Sonst hält der Erfolg leider nie lange an.

Eigentlich bin ich ein disziplinierter Mensch. Halte jeden Termin ein, verlange mir und auch meinen Mitarbeitern und Kollegen vieles ab. Aber beim Essen geht es manchmal mit mir durch. Ich wundere mich direkt, daß es diesmal bei der Diät so relativ problemlos geht.

12. Diät-Tag

Serien sind eine schöne Sache. Man kann sich auf eine Figur konzentrieren, kann dieser Figur nach und nach wirklich eine eigene Kontur geben. Ich mag den Kommissar, den ich jetzt täglich mime. Hoffentlich mögen ihn meine Fans auch.

Hab' mich entschieden: Werde schon im Urlaub mit der Diät weitermachen. Mir schmecken die Fertigmahlzeiten von Tag zu Tag besser. Hatte eigentlich erwartet, daß ich Vanille- und Erdbeershake viel schneller satt habe. Glück gehabt.

Die Mahlzeiten von FIGURAFIT sind so praktisch, daß ich sie auch in die Ferien mitnehmen kann. Die werden sich wundern am Zoll, wenn ich mit den Paketen ankomme … Ansonsten wird Lore sicher ihren Trennkost-Fahrplan aus der Küche kopieren und ein paar Rezepte mitnehmen. Dann müßte ja dieses Buch auch schon gedruckt vorliegen. Lore, dann hast du Rezepte satt.

Urlaub. Wunderbar. Ich werde die Ruhe genießen, werde mich in eine Badehose stülpen und meinen erschlankten Bauch in die Sonne halten. Wenn ich mir was wünschen könnte, dann mehr Muße für Lore, die Kinder und das Enkelchen. Wo sind nur all die Jahre geblieben? Meine Hobbys kommen auch seit Monaten zu kurz. Dabei habe ich bescheidene Hobbys: etwas Lesen und ein bißchen im Weinberg werkeln. Aber ich will gar nicht klagen. Es geht mir gut, besser als vielen anderen. Dafür bin ich dankbar.

13. Diät-Tag

Einfach toll. Wenn es mit dem Gewicht so weitergeht, bin ich schon in 8 bis 9 Tagen am Ziel. Heute zeigte die Waage minus 14 Kilo. 6 fehlen noch. Aber das wird schon . . .

Werde mir heute das kleine Gläschen Wein verkneifen, das ich in den letzten Tagen abends immer mal wieder heimlich getrunken habe (sorry, Lore).

Nehme die Hunde und gehe gleich nach dem Frühstück spazieren. Die Bewegung tut mir gut. Bücken, Stöckchen aufheben, werfen. Nachmittags habe ich Interview-Termine zu meiner neuen Serie. »Der König« läuft im Herbst an. Die Presse ist neugierig.

Warum ich damals nicht beim Film geblieben bin, will der Reporter wissen. »Guter Mann«, sage ich, »das ist schon fast dreißig Jahre her!« Der berühmte Alfred Hitchcock drehte mit mir den Film »Der zerrissene Vorhang«, einen Spionagethriller. Ich weiß es noch wie heute: Ein Jahr zuvor saß ich mit Kollegen beim Abendessen in einer Prager Kneipe. Wir drehten damals »Robin Hood«. Ein Kellner trat an unseren Tisch und sagte: »Hollywood für Herrn Strack.« Alle lachten, hielten es für den uralten Branchenwitz. Ich ging trotzdem ans Telefon, und der große Hitchcock engagierte mich tatsächlich! Ich stand an der Seite von Julie Andrews und Paul Newman vor der Kamera. War eine dolle Sache. Na ja, um es kurz zu machen, der Film reihte sich nicht in die Menge klassischer Hitchcock-Erfolge. Das hieß für mich: Akzeptieren, daß der Film nicht der Auftakt zu einer Weltkarriere ist. Ich konnte das gelassen hinnehmen, denn immerhin hatte ich wenigstens einmal in meinem Leben mit dieser Jahrhundertpersönlichkeit zusammengearbeitet. Schon damals ging es mir ja auch so sehr gut. Ich hatte Theaterengagements, dann kam das Fernsehen. Ich weiß nicht, wie viele Fernsehrollen ich gespielt habe. Bei der zweihundertsten habe ich aufgehört zu zählen.

»Entschuldigen Sie«, sagt der Reporter, »zum Schluß hätte ich noch eine persönliche Frage: Waren Sie nicht mal dicker?« – »Frag weiter, Junge«, denke ich, »das tut gut.« Ich bin stolz auf mich wie ein junger Schulbub. Und ich merke: Das Lob spornt an.

14. Diät-Tag

Bin früh wach geworden. Habe gleich an die Waage gedacht. Zeigt sie, was ich sehen will? Unter der Dusche fällt mir auf, wie albern ich mich verhalte. Was interessiert mich die dumme Waage? Heute mache ich weiter, egal, wie ich mich fühle. Und in den nächsten Tagen auch. Wäre doch geradezu ein Witz, wenn ich die 20 Kilo nicht schaffte. Ein Klacks. Ich sag mir: »Günter, sei tapfer. Bist ja bald am Ziel.«

Morgens den Guaranadrink, mittags die Shakes, abends die Kartoffelsuppe. Mann, bin ich stolz auf mich, als ich ins Bett falle. Hätte nicht gedacht, daß ich so lange ohne ernsthafte Sünde durchhalten würde.

15. bis 20. Diät-Tag

Ist alles ein Kinderspiel gewesen, da sich durch die Trenn-Diät auch in den letzten Tagen keine Hungergefühle melden. Am 17. und 18. Tag passiert zwar nichts auf der Waage. Doch am 19. Diät-Tag wieder ein gewaltiger Gewichtsschub, der die Zeiger der Waage am Morgen des 20. Tages endlich auf insgesamt minus 20 Kilo drückt. Geschafft. Werde mit den Leuten von FIGURAFIT reden. Die Trenn-Diät aus der Apotheke ist einfach klasse. Wäre sogar bereit, dafür im Fernsehen Werbung zu machen.

Trenn-Diät – was ist das eigentlich?

Dr. Gerhard W. Ruoff,
Ernährungswissenschaftler

Dauerhaft abnehmen mit Genuß

Das Ausmaß ernährungsabhängiger Krankheiten ist heutzutage erschreckend hoch, und häufig werden diese Krankheiten von Übergewicht oder gar Fettsucht begleitet. Es ist daher gar nicht verwunderlich, daß viele, viele Menschen ihr Körpergewicht reduzieren möchten, um gesundheitlichen Risiken vorzubeugen – ganz abgesehen von dem Wunsch, einfach besser und attraktiver auszusehen. Ein durchaus verständlicher und sinnvoller Wunsch, nur: Allzuoft leider scheitert das Abnehmen an der Methode. Manche Diäten sind zu kompliziert, andere sind ungesund, oder sie schmecken fad. Eine Reduktionskost auf der Basis der Erkenntnisse von Dr. Hay ermöglicht dauerhaftes Abnehmen mit Genuß. FIGURAFIT ist eine Reduktionsdiät, die auf den Erkenntnissen der Hayschen Trennkost basiert. Die verzehrfertige Reduktionsdiät läßt sich problemlos einhalten. Sie deckt mit ihren 720 Kilokalorien den täglichen Bedarf an Wirkstoffen, und sie schmeckt ausgezeichnet und sensibilisiert das Ernährungsbewußtsein. So fällt es viel leichter, häufig falsche Eßgewohnheiten zu korrigieren – und das ist schließlich ein unumgängliches Muß für alle, die langfristig erfolgreich abnehmen wollen.

Eingefahrene Verhaltensmuster ändern

Viele Menschen wollen ihre Ernährungsgewohnheiten ändern. Teils aus der Überzeugung heraus, daß bestimmte Nährstoffe die Gesundheit belasten oder sie sogar schädigen. Teils aber auch, weil sie unzufrieden sind mit ihrer Figur. Schließlich möchte jeder schlank und fit sein, gut aussehen. Dabei hilft es, das persönliche Idealgewicht zu erreichen und zu halten.

Unabhängig davon gilt heutzutage als gesichert, daß eine Reihe gesundheitlicher Störungen ursächlich mit Übergewicht verbunden sind. Übergewicht führt zusammen mit Bewegungsmangel zu Unregelmäßigkeiten des Blutzukker-, Fett- und Purinstoffwechsels. Zu viele Pfunde beeinflussen außerdem Blutdruck und Blutgerinnung negativ.

Aber fast nichts auf dieser Welt scheint so schwierig, wie das Körpergewicht zu normalisieren. So sehr man sich auch bemüht, oft verlaufen Diäten im Sand oder bringen einfach nicht den gewünschten Erfolg. Eßgewohnheiten und eingefahrene Verhaltensmuster lassen sich wohl nicht so leicht ändern. Es hat sogar den Anschein, als ob Aufklärungskampagnen mehr das Gewissen der Ernährungswissenschaftler beruhigen, den Übergewichtigen dagegen kaum effektiv helfen. Nur so ist es doch zu erklären, daß trotz intensivster Gesundheitsaufklärung seit vielen Jahren immer noch 40 Prozent aller Männer und 28 Prozent aller Frauen bei uns Übergewicht haben.

Wie entsteht Übergewicht?

Krankhafte Störungen des Organismus können zu Übergewicht führen. Solche Störungen sind aber zahlenmäßig gering. Sehr viel häufiger entsteht Übergewicht dann – und an dieser verblüffend einleuchtenden Tatsache gibt es nichts zu rütteln –, wenn man mehr Energie aufnimmt, als man verbraucht. Wer überflüssige Pfunde loswerden will, muß mehr Energie verbrauchen, als er über die Ernährung zuführt. Dafür gibt es zwei Möglichkeiten: Entweder wird man körperlich aktiver und erhöht so den Bedarf, oder man reduziert die Aufnahme von Nährstoffen. Hat das Übergewicht allerdings eine gewisse Größenordnung erreicht, kann es Probleme geben: Die körperliche Aktivität läßt sich kaum steigern, weil der Kreislauf nicht mitmacht. Dann ist es besser, Gymnastik oder Sport nur unter ärztlicher Beobachtung anzufangen oder sich von einer Fachkraft beraten zu lassen.

Was jeder tun kann

Wer sich an »mehr Bewegung« zunächst nicht herantraut, kann aber doch ohne Risiko die Energieaufnahme einschränken und seine Nahrung und die Nährstoffe bewußter auswählen. Es hat sich gezeigt, daß man die besten Ergebnisse erzielt mit einer Diät, die täglich etwa 800 Kilokalorien enthält. Sie sollte überwiegend Kohlenhydrate und 30 bis 50 Gramm Protein (Eiweiß) enthalten. Eine Vielzahl verschiedenster Diäten und Diätpläne stehen zur Verfügung. Leider eignen sich nicht alle für eine sinnvolle Reduktionsdiät und für eine längere Diätphase. Deshalb Vorsicht: Viele Diäten sind extrem einseitig zusammengesetzt und entsprechen mehr einer Ernährungsphilosophie als ernährungswissenschaftlichen Erkenntnissen. Andere Diäten machen mehr krank als schlank. Vor allem, wenn man sie – wie oft erforderlich – längerfristig einhält. Die Bandbreite reicht dabei von einer nur vorübergehenden gesundheitlichen Störung bis zu ernsthaften Krankheiten aufgrund schwerwiegender Unterversorgung. Eine ausreichende Versorgung des Organismus während der Diätphase ist also ein wichtiger Aspekt. Darüber hinaus sollte eine Diät natürlich gut schmecken und das Hungergefühl verringern. Es läßt sich, zumindest zu Beginn einer Diät, kaum vermeiden. Trotzdem muß eine Diät so ausgelegt sein, daß man sie über mehrere Tage durchhält ohne große Selbstkasteiung und Mißmut.

Neu: Reduktionsdiät FIGURAFIT

Die neue Reduktionsdiät FIGURAFIT (Figura GmbH, Asbach) basiert auf der Hayschen Trennkost, wurde jedoch an unsere heutigen Lebensbedingungen angepaßt und nach aktuellen wissenschaftlichen Erkenntnissen überarbeitet. Bereits gegen Ende des 19. Jahrhunderts erkannte der amerikanische Arzt Dr. Hay, daß Gesundheit und Leistungsfähigkeit in hohem Maße von der Ernährung abhängen und daß falsche Ernährung die Ursache für viele Krankheiten ist. Dr. Hay entwickelte in den 30er Jahren das Trennkost-Prinzip. Er setzte es auch bei Diabetes und Krebs ein. Hay ist heute umstritten. Viele Ernährungswissenschaftler sagen, dem Magen sei es egal, ob er eine getrennte oder eine gemischte Kost bekommt. Andere Ernährungswissenschaftler schwören auf die Trenn-Diät. Bei der Trennkost von Hay handelt es sich um nichts anderes als um eine vorwiegend lakto-vegetabile Kostform mit einem hohen Anteil an Kohlenhydraten und einer bevorzugten Aufnahme von frischem Obst und Gemüse. Diese Forderungen findet man heute in jedem ernst zu nehmenden Lehrbuch der Ernährung. Auch die Deutsche Gesellschaft für Ernährung propagiert sie im Sinne einer gesunden Ernährung. Verglichen mit einer Vielzahl von Diätformen, erhielt die Haysche Trennkost in einem Diät-Fachbuch sogar die höchstmögliche Bewertung: Sie eignet sich bestens zur Gewichtsreduktion – und sie ist medizinisch absolut unbedenklich.

Einfach und problemlos

FIGURAFIT übernahm grundlegende Erkenntnisse aus der Lehre von Dr. Hay und paßte sie an eine verzehrfertige Reduktionsdiät an. So wird sie Diätwilligen optimal gerecht, die sich eine vorgefertigte, einfache und sichere Diät ohne viel Arbeit wünschen. Die tägliche Ration an FIGURAFIT enthält 720 Kilokalorien (das entspricht 3000 Kilojoule) und besteht aus einzelnen, verzehrfertigen Portionsbeuteln. Man nimmt je eine Portion morgens, mittags, nachmittags und abends. Was FIGURAFIT besonders auszeichnet: Die Reduktionskost enthält nur einen geringen Anteil an ketogenen, also säurebildenden Nahrungsbestandteilen. So gewährleistet die Kost, daß man das Körpergewicht vorzugsweise tatsächlich als Fettgewebe verliert und nicht ausschließlich als Wasser.

Hochkonzentrierte Wirkstoffe

Es ist bekannt, daß die Zusammensetzung der Ernährung entscheidet, wie schnell sich der Magen entleert und wie Nährstoffe vom Körper aufgenommen werden und den Darm passieren. Kohlenhydrathaltige Mahlzeiten gelangen beispielsweise rascher vom Magen in den Dünndarm als mehr eiweißbetonte Mahlzeiten. Nach einer glukosefreien Mahlzeit verlassen innerhalb der ersten Stunde signifikant höhere Mengen an Fett und Protein den Magen als nach einer Mahlzeit, die Glukose enthält. Bei einer Reduktionsdiät muß die (zwangsläufig geringe) Menge an Nährstoffen relativ hoch konzentriert werden. Schließlich soll der Organismus trotz aller Diät ja ausreichend mit Wirkstoffen versorgt und sein Bedarf gedeckt werden. Die hohe Konzentration an Wirkstoffen wiederum erhöht die Häufigkeit des Zusammenspiels von Nähr- und Wirkstoffen untereinander und kann deren Aufnahme herabsetzen. Aber keine Sorge: FIGURAFIT behält das Trennkost-Prinzip bei und bietet die größtmögliche Gewähr, daß Aufnahme und Abgabe von Nähr- und Wirkstoffen optimal funktionieren.

Optimale Versorgung

Die Frühstücksportion von FIGURAFIT, der Good-Morning-Drink Guarana, liefert einen hohen Anteil an Kohlenhydraten. Die Resorption der Kohlenhydrate erfolgt über einen längeren Zeitraum, und das wiederum wirkt unter anderem sich positiv auf die Insulinausschüttung aus. Zusätzlich enthält die Morgenportion auch coffeinhaltiges

Guarana, es wirkt erfrischend und belebend. Die Mittags- und die Nachmittagsportionen, Erdbeerdrink und Vanilleshake, enthalten im Gegensatz zur Frühstücksportion hohe Anteile an Eiweiß in Form eines leicht verdaulichen und hochwertigen Milchproteins. Diese Portionen wurden auch angereichert mit zusätzlichen eiweißspaltenden pflanzlichen Enzymen: Bromelain und Papain. Diese wertvollen Enzyme unterstützen die körpereigenen Proteasen, damit das Protein schneller abgebaut und resorbiert werden kann.

Die Abendportion, die Good-Night-Cream-Potato, bildet den Abschluß des Tages. Auf der Basis einer Kartoffelcremesuppe werden dem Körper wichtige Kohlenhydrate zugeführt. Der Magen wird trotz allem jedoch überhaupt nicht belastet, und man fühlt sich über eine lange Zeit ganz angenehm gesättigt.

Wichtige Nähr- und Wirkstoffe

Reduktionsdiäten bieten selten kulinarische Freuden, bedeuten schon allein wegen der kleinen Portionen häufig eher Frust als Lust. Um so wichtiger ist es, daß diese Diäten den Organismus mit allen erforderlichen Nähr- und Wirkstoffen ausreichend versorgen und den Körper sättigen. Aber nicht nur das: Diäten sollten darüber hinaus die Geschmacks- und Geruchsempfindungen positiv stimulieren. Es ist schon etwas dran an der alten Spruchweisheit: Das Auge ißt mit. FIGURAFIT legt darauf besonderen Wert. Doch damit nicht genug: FIGURAFIT liefert mit jedem Portionsbeutel auch eine Fülle verschiedener, sinnvoller Tips, allesamt sehr gut für den Alltag brauchbar. In leichtverständlicher Form, kurz und knapp, bieten sie moralische Unterstützung. Schließlich weiß jeder, wie wohltuend Hilfe bei einer Diät wirkt.

FIGURAFIT sollte in Intervallen von jeweils drei Tagen eingenommen werden. So trägt die Reduktionskost entscheidend dazu bei, Übergewicht über einen längeren Zeitraum und auch dauerhaft zu reduzieren.

Trenn-Diät – warum sie besser ist als andere Diäten

In den 30er Jahren begannen die Wissenschaftler, den Wert und die Wirksamkeit von Enzymen zu untersuchen. Bekannt war die Tatsache, daß der Magen Kohlenhydrate, Eiweiße und Fette der Nahrung nacheinander verdaut. Dabei spielt es keine Rolle, daß man die Nährstoffe in der Regel gleichzeitig bei einer Mahlzeit zu sich nimmt. Man wußte auch: Verdauungsenzyme zerlegen die Nahrung im Körper zu kleinen Bausteinen, die er weiterverwerten kann. Und die Biochemiker erkannten eine weitere entscheidende Tatsache: Die optimale Wirksamkeit der Verdauungsenzyme hängt ab vom Säuregrad der Verdauungssäfte. Amylasen – das sind die Enzyme, die Kohlenhydrate spalten – erzielen einen höheren Wirkungsgrad in neutralem oder alkalischem Milieu. Ganz im Gegensatz dazu entfaltet sich die Wirkung von Pepsin (dieses Enzym ist verantwortlich für die Eiweißspaltung) am besten in einer stark sauren Umgebung. Der amerikanische Arzt Dr. Howard Hay entwickelte aus diesen Erkenntnissen heraus seine Idee der Trenn-Diät. Hay geht davon aus, daß Kohlenhydrate und Eiweiße, in einer Mahlzeit zusammen eingenommen, die Verdauung irritieren. Schließlich schaffen es die Verdauungssäfte ja nicht, sauer und alkalisch zugleich zu sein. Eine unvollständige Verdauung aber, so Dr. Hay, führt zu Störungen des Stoffwechsels, zur Übersäuerung des Magens und zu unerwünschten Gärprozessen. Hay schlägt vor, Kohlenhydrate und Eiweiße nicht in einer Mahlzeit zu vermischen, sondern sie getrennt aufzunehmen. Eine Kost, die säure- und basenreiche Nahrungsmittel sorgfältig voneinander unterscheidet, entlastet den Stoffwechsel. Sie werden sehen bzw. spüren: Wenn Sie Eiweiß und Kohlenhydrate getrennt genießen, fühlen Sie sich leichter, unbeschwerter, tatendurstiger, Ihre gute Laune wird steigen, denn Ihrem Darm geht es so gut wie nie zuvor. Die Energie, die er bisher brauchte, um eine herkömmliche Mahlzeit zu verdauen, die kommt jetzt Ihnen zugute – Ihrem Körper und Ihrer Seele. Und: Sie werden zufriedener sein mit Ihrer Figur. Denn »so ganz nebenbei« purzeln bei einer Trenn-Diät die Pfunde.

Alle Nahrungsmittel kann man einer der drei folgenden Gruppen zuordnen:

Gruppe 1 enthält Nahrungsmittel mit viel Stärke oder Zucker: Getreide, Brot, Gebäck, Kartoffeln und Teigwaren sowie süße Früchte (Bananen, Feigen, Trockenobst).

Zur Gruppe 2 gehören Nahrungsmittel mit viel Eiweiß: Fleisch und Wurst, Innereien, Geflügel, Fisch, Milch und Milchprodukte, Sojaprodukte (Tofu) und außerdem saure Obstsorten. Äpfel, Birnen, Aprikosen, Kirschen, Pfirsiche, Pflaumen, Beeren, Hagebutten und Holunder.

In Gruppe 3 faßt man schließlich die neutralen Lebensmittel zusammen: Fette, Eigelb, Sahne, Quark, Gemüse, Gewürze, Nüsse, Avocado-Früchte und Kräuter.

Das Prinzip der Hayschen Trennkost ist simpel und einfach nachzuvollziehen: Nahrungsmittel aus Gruppe 1 und aus Gruppe 2 dürfen nur getrennt voneinander eingenommen werden, bei verschiedenen Mahlzeiten. Kombinieren in einer Mahlzeit hingegen darf man Nahrungsmittel der neutralen Gruppe 3 mit Nahrungsmitteln *entweder* aus Gruppe 1 *oder* aus Gruppe 2. Die Haysche Trennkost kennt auch »verbotene« Nahrungsmittel. Ungünstig für den Stoffwechsel sind demnach:

Weißer Zucker und Süßigkeiten aus weißem Zucker, Gelee und Marmelade, Eingemachtes. Ferner gehören nicht auf den Speiseplan: Weißes Mehl und Gebäck aus weißem Mehl, Nudeln aus weißem Mehl, polierter Reis, getrocknete Hülsenfrüchte, Erdnüsse und Kastanien (Maroni). Wer die Haysche Trennkost ganz ernst nimmt, der verzichtet auch auf gekaufte Mayonnaise, Fertigsuppen, auf Kaffee, Kakao und schwarzen Tee sowie auf Meerrettich, Pfeffer, Senf, Essig, Ingwer und Rhabarber.

Die Theorien der Hayschen Trennkost sind umstritten. Dem Magen, behaupten Kritiker, sei es egal, ob er gemischte oder getrennte Kost bekomme. Niemand aber bestreitet, daß das Nährstoffangebot der Trennkost-Diät sinnvoll zusammengestellt ist. Es zeigt sich trotz aller Vorbehalte immer wieder, daß an der Trennkost »etwas dran ist«. Wer zum Beispiel unter einer empfindlichen Verdauung leidet, über Völlegefühl oder Blähungen klagt, sollte es einmal mit der Trennkost versuchen. Und zum Abnehmen eignet sich die Trennkost so gut wie kaum eine andere Diät. Wichtig ist nur, den Körper während der Diät ausreichend mit allen Vitaminen, Mineralien sowie mit Kohlenhydraten und Eiweiß zu versorgen. Bei der Trenn-Diät, die wir Ihnen in diesem Buch empfehlen, können Sie da ganz beruhigt sein.

Gesunde Mischkost

Ernährungswissenschaftler empfehlen eine Trenn-Diät wegen des sinnvollen und vernünftigen Verhältnisses von Kohlenhydraten, Eiweiß und Fett. Die Haysche Trennkost setzt sich zusammen aus etwa 80 Prozent Obst und Gemüse und etwa 20 Prozent Fleisch, Fisch und Geflügel. Viele Vitamine – wenig Fleisch: Die ideale Grundlage für eine erfolgreiche Gewichtsabnahme. In diesem Buch finden Sie eine Fülle von ganz unterschiedlichen, schmackhaften Rezepten, mit denen Sie sich medizinisch völlig unbedenklich und ohne großen Aufwand schlankessen können.

Warum die Trenn-Diät Enzyme hat

Enzyme – Zauberwort bei Diäten. Der Begriff wird Ihnen vielleicht zunächst nicht viel sagen. Was sind Enzyme? Wie wirken sie? Und warum um alles in der Welt machen sie schlank? Ich möchte mit Ihnen zusammen das Geheimnis der Enzyme enträtseln. Vielleicht hilft Ihnen dabei folgendes Basiswissen:

Enzyme sind die Grundlage allen Lebens. Sie bewirken, daß wir atmen können und daß unser Körper überhaupt Energie aus der Nahrung aufnehmen kann. Enzyme sind es, die unsere Erde im Endeffekt bewohnbar machten: Sie sorgen dafür, daß einfach Pflanzen (z. B. Algen) Sauerstoff produzieren und so menschliches Leben erst ermöglichen. Bis heute kennt man etwa 6000 verschiedene Enzyme. Einige von ihnen beugen Arteriosklerose und Herzinfarkt vor, andere machen schlank, regulieren die Verdauung und den Stoffwechsel. Enzyme entgiften unseren Organismus, und sie werden zur Krebsnachsorge eingesetzt.

Mit Hilfe von Enzymen stellt die medizinische Diagnostik fest, ob ein Herzinfarkt, ein Leberdefekt oder vielleicht eine Krebserkrankung beim Patienten vorliegt. Schon die alten Ägypter wußten von einer geheimnisvollen Kraft, die Traubensaft zu Wein, Milch zu Käse oder Getreideteig in der Backofenhitze zu Brot werden läßt. Heute ist das Geheimnis dieser Kräfte gelüftet: Bei Gärungsprozessen und in Hefen wirken Enzyme.

Wundheilung mit Enzymen

Die großen indianischen Medizinmänner verwendeten als Wundumschläge rohes Fleisch. Bevor Sie sich vor Entsetzen schütteln, möchte ich Ihnen dies erklären: Selbst unsere Ärzte wissen heute, daß rohes Fleisch voller Enzyme steckt, die Wunden heilen können. Die Indianer konnten die Wundheilung auch beschleunigen. Sie legten die Rinden bestimmter Bäume auf die Wunden. Auch das half, obwohl die westlichen Mediziner nur den Kopf schüttelten. Die simple Erklärung für dieses Wunder sind nach neuesten Erkenntnissen wieder die Enzyme, die in der Rinde und in den Blättern der Bäume stecken.

Irrtümer und Wunder

Enzyme hießen früher »Fermente«. Chemisch gesehen handelt es sich um winzige Eiweißbausteine (Kombination aus Eiweiß und Vitamin). Inzwischen hat sich der Begriff »Enzym« weltweit durchgesetzt. Dem Wortsinn nach bedeutet Enzym: innen in Gärung versetzen. Enzyme sind also so eine Art Biokatalysator, die Vorgänge auf biologische Weise beschleunigen können. Daß wir atmen und aus der Atemluft den Sauerstoff in den Körper aufnehmen können, verdanken wir bestimmten Enzymen. Das Hämoglobin, also unsere roten Blutkörperchen, ist lediglich sozusagen der Lastwagen, auf dem der Sauerstoff verladen wird. Das Eisen im Hämoglobin muß mit dem Sauerstoff der Atemluft chemisch reagieren – quasi verrosten. Wollten wir auf den normalen Oxydationsvorgang warten, müßten wir ersticken. Deshalb greifen Enzyme ein, die den Vorgang beschleunigen. Das Eisen im Hämoglobin »verrostet« praktisch in Sekundenschnelle, wird über die Blutbahn beispielsweise ins Gehirn gebracht und lädt dort mit Hilfe anderer Enzyme den Sauerstoff schnell ab. Ein Mangel dieser Enzyme bewirkt eine Unterversorgung des Organismus mit Sauerstoff. Die möglichen Folgen: Abgeschlagenheit, Kopfschmerzen, Müdigkeit.

Die Geschichte der Enzymforschung ist noch relativ jung. Sie ist reich an Wundern – und auch an Irrtümern. Noch im 18. Jahrhundert glaubten die Wissenschaftler, daß der menschliche Magen Zähne habe, um die Nahrung zu zerkleinern. Später nahm man an, der Anteil der Salzsäure in der Magenflüssigkeit sei verantwortlich für die Verdauung. Stimmt alles nicht. Zu Anfang des 19. Jahrhunderts fand der deutsche Arzt Theodor Schwann heraus, daß der Magensaft einen ganz besonderen Stoff enthält. Er spaltet Eiweiß und löst es auf. Schwann nannte diesen Stoff Pepsin. Es war das erste Enzym, das einen Namen bekam.

Die Formel für Schlankheit

Jedes Enzym ist spezialisiert auf eine ganz bestimmte Aufgabe. Und jedes Enzym braucht ein spezielles Umfeld, um wirken zu können. Vitamine spielen als sogenannte Co-Faktoren eine große Rolle, aber auch Mineralstoffe und Spurenelemente tun dies. Viele Enzyme baut der Körper sich aus Eiweißbausteinen (Aminosäuren) selbst zusammen. Andere Enzyme nimmt der Organismus aus der Nahrung auf. Diese Enzyme braucht er täglich. Fehlen sie – ja, dann wird der Organismus krank. Und: Der Körper wird dick!

Enzyme sind die Formel für Gesundheit. Und für Schlankheit. Nur wenn die vielen tausend Enzyme harmonisch zusammenwirken, funktionieren im Organismus alle biologischen Vorgänge. Krankheit ist demnach also nicht nur eine Störung des Energiegleichgewichts des Körpers, sondern auch eine Störung im Enzymhaushalt. Die moderne Ernährungs- und Lebensweise, die sich vorwiegend auf konservierte und vorgekochte Nahrung stützt, führt vielfach zu einem Mangel an Enzymen. Enzyme sind zarte Wesen. Viele sterben schon ab einer Temperatur von 40 Grad Celsius. Bei über 70 Grad stellen selbst die hartnäkkigsten Enzyme ihre Arbeit ein.

Ein weiterer Faktor für das Funktionieren des Enzymhaushaltes ist der sogenannte pH-Wert. Er zeigt an, ob eine Flüssigkeit sauer oder basisch reagiert. Jedes Enzym ist auf ein bestimmtes Milieu eingestellt – auf sauer oder auf alkalisch. Folglich unterteilt die Wissenschaft die Enzyme auch in diese beiden Gruppen. Unsere heutige Ernährung, die überwiegend tierische Nahrungsmittel enthält, führt langfristig zur Übersäuerung des Organismus. Das bedeutet: Die alkalischen Enzyme können ihre Wirkung gar nicht mehr oder nur noch sehr unvollkommen entfalten. Spürbare Folgen: Verdauungsstörungen, Blähungen und Verstopfung. Und nicht zu vergessen: Langfristig führt dieser Zustand zu Übergewicht. Aber keine Sorge, es gibt einen Weg der Besserung: Eine gute, ausgewogene Ernährung, bei der der Körper langsam entsäuert und enzymatisch wieder neu aufgebaut wird. Diese bessere Ernährung bietet FIGURAFIT, die Trenn-Diät aus der Apotheke.

Enzyme – Schlankmacher aus der Natur

Der Durchschnittseuropäer leidet an zweierlei: Übergewicht und Mangelernährung. Wie das? Er ißt zu viele Kalorien – in Form von Fett, Zucker, Salz und Kohlenhydraten. Und gleichzeitig nimmt er über seine Nahrung zuwenig Vitamine auf, zuwenig Enzyme, zuwenig Mineralstoffe, zuwenig Spurenelemente und auch zuwenig Ballaststoffe. Diäten sollen helfen – am liebsten im Eilverfahren. Crash-Diäten scheinen das Mittel der Wahl. Und das ist schon der Gedankenfehler Nummer 1. Falsch zusammengesetzte und einseitige Diät schadet dem Körper. Er leidet nur noch größere Mängel und wird noch kränker. Die Diät, die wirklich schlank macht, muß nach allem, was wir wissen, anders sein. So zum Beispiel wie FIGURAFIT, die Trenn-Diät aus der Apotheke. Sie kombiniert enzymhaltige Tagesportionen mit Vitaminen und Mineralien. Alle Sorgen sind unbegründet: Mit FIGURAFIT nehmen Sie gesund und ohne schädliche Nebenwirkungen ab.

Ein halbes Dutzend Enzymtips

TIP 1: Besorgen Sie sich drei Tagesrationen FIGURAFIT, die Trenn-Diät aus der Apotheke. Rühren Sie morgens den Good-Morning-Drink Guarana in einem Glas Wasser an, mittags den Fitness-Lunch, nachmittags den Happy-Day-Drink und abends die Good-Night-Potato-Cream. Genießen Sie drei Tage lang hintereinander das einmalige Gefühl, ohne Hunger abzunehmen. Schließen Sie an die FIGURAFIT-Tage eine Diät an mit den Trennkost-Rezepten, die Sie in diesem Buch finden. Wiederholen Sie die FIGURAFIT-Kur, sobald Sie ein bis zwei Kilo Übergewicht haben oder regelmäßig einmal im Monat.

TIP 2: Kauen Sie Ihre Speisen ganz sorgfältig. Im Speichel befindet sich das Enzym Ptyalin, es bereitet die Aufspaltung der Nahrungsmittel vor.

TIP 3: Trinken Sie während der Diät und danach viel Flüssigkeit – mindestens zwei, besser drei Liter pro Tag. Ideale Getränke sind Mineralwasser und Kräutertees. Warum Ihr Organismus soviel Flüssigkeit braucht? Sie hilft den Enzymen beim Ausschwemmen der Schadstoffe aus dem Körper.

TIP 4: Süßen Sie während der Diät am besten mit Honig. Ihre Bauchspeicheldrüse kann sich voll auf die Enzymtätigkeit konzentrieren.

TIP 5: Essen Sie möglichst nicht mehr nach 19 Uhr. Ihre Verdauung braucht zwischen drei und acht Stunden, um mit dem Abendessen fertig zu werden. Und im Schlaf hat Ihr Organismus – besonders bei einer Diät – genug damit zu tun, den Wohlstandsmüll der letzten Jahre abzubauen.

TIP 6: Wenn Sie anfänglich doch unstillbarer Hunger quält: Ergänzen Sie FIGURAFIT, die Trenn-Diät aus der Apotheke, mit frischem Obst oder Rohkost. Beachten Sie jedoch die Trenn-Regeln, kombinieren Sie jeweils Shake bzw. Drink mit der erlaubten Obst- oder Gemüsesorte (siehe dazu das Kapitel »Trenn-Diät – warum sie besser ist als andere Diäten«).

Warum die Trenn-Diät Mineralien enthält

Ohne Vitamine können wir nicht leben – das haben wir im vorangegangenen Kapitel erfahren. Was aber bisher noch gar nicht so bekannt ist: Genauso wichtig für den Organismus sind Mineralstoffe. Sie sorgen dafür, daß unsere Nerven und unsere Muskeln funktionieren, sie bilden und stärken Knochen und Zähne. Darüber hinaus schützen uns Mineralien vor Allergien, und sie garantieren, daß unsere Muskeln optimal funktionieren.

Die Namen der wichtigsten Mineralstoffe haben Sie sicherlich schon einmal gehört oder gelesen: Kalium, Kalzium, Magnesium und Eisen. FIGURAFIT, die Trenn-Diät aus der Apotheke, enthält alle diese wichtigen Mineralien. Ihre Zellen und Ihr Gewebe werden Tag für Tag mit der richtigen Menge und der richtigen Zusammensetzung an Mineralien versorgt.

Diese Mineralien erhalten Ihre Gesundheit

Kalium:

Dieses Mineral regelt den Wasserhaushalt unserer Körperzellen und unseres gesamten Organismus. Daß unser Herz ganz normal und rhythmisch schlägt, dafür sorgt Kalium ebenso wie dafür, daß unsere Muskeln Nährstoffe bekommen. Es versorgt zudem das Gehirn mit Sauerstoff.

Kaliummangel kann zu einer ganzen Reihe von gesundheitlichen Störungen und sogar zu lebensbedrohenden Zuständen führen. Unter anderem zählen dazu Nervosität, Schlafstörungen, Erschöpfung, Verstopfung, Akne oder trockene Haut, Bluthochdruck, ja, sogar Herzinfarkt. Sie können diesen Schäden vorbeugen, indem Sie häufig grünes Blattgemüse in Ihren Speiseplan einbauen, Pellkartoffeln, Orangen und Bananen, Vollkornprodukte und Sonnenblumensamen.

Der Gehalt an Kalium entscheidet bei einer Diät darüber, ob sie gesund ist und den Körper ausreichend mit allen lebensnotwendigen Nährstoffen versorgt. Aber nicht nur das. Sie sollten wissen, daß das Mineral Natrium ein Feind des Kalium ist. Zuviel Kochsalz in der Nahrung führt zu einem Kaliumdefizit. Kalium verläßt mit dem Harn den Körper, Wasser und Salz bleiben in den Zellen zurück. Deshalb ist es so wichtig, während einer Diät wenig Natrium zu sich zu nehmen, aber viel Kalium. Achten Sie zum Beispiel darauf, wenn Sie Mineralwasser kaufen. Wie Sie sicher wissen, sollten Sie während der Diät und auch danach etwa zwei bis drei Liter täglich davon trinken. Besorgen Sie sich daher natriumarmes Wasser.

Kalzium:

Von diesem Mineral braucht der Körper eine ganze Menge. Rund 99 Prozent der Kalziumzufuhr sind notwendig für den Aufbau der Knochen und der Zähne. Das restliche Prozent benötigt der Stoffwechsel, um optimal zu funktionieren. Es ist wichtig etwa für die Blutgerinnung, die Hormonproduktion der Nebenschilddrüse und für die Funktion von Muskeln und Nerven.

Ohne Kalzium könnte der Körper kein Eisen aufnehmen, die Enzymtätigkeit wäre gestört (wie wichtig sie gerade bei einer Diät ist, haben Sie bereits im Kapitel »Warum die Diät Enzyme hat« gelesen), und unsere Körperzellen können ohne Kalzium nicht mit Nährstoffen versorgt werden.

Fehlt das lebenswichtige Kalzium in der Diät, so greift der Stoffwechsel auf die Reserven in Knochen und Zähnen zurück. Welche Folgen das hat, kann sich jeder leicht selbst vorstellen.

Bereichern Sie Ihren Speiseplan nach der Diät deshalb mit Milch und Milchprodukten, sie enthalten viel Kalzium. Bedenken Sie aber: Bestimmte Säuren hindern den Körper daran, Kalzium zu verwerten. Wenn sie also Milch oder Milchprodukte zu sich nehmen, kombinieren Sie sie keinesfalls mit Rhabarber, Spinat oder Schokolade.

Magnesium:

Es verdient den Namen »Anti-Streß-Mineral«, beeinflußt es doch unsere Nervenarbeit und den Herzmuskel. Magnesium wandelt Blutzucker um in Energie, und es reguliert darüber hinaus die Körpertemperatur. Während Sie abnehmen mit FIGURAFIT, der Trenn-Diät aus der Apotheke, brauchen Sie sich um Magnesium keine Sorgen zu machen. Danach essen Sie bitte viel frisches, grünes Gemüse und Äpfel, Vollkornprodukte und Seefisch. In diesen Nahrungsmitteln steckt viel Magnesium, aber auch in Milch und Sojabohnen.

Eisen:

Vor allem für die Bildung roter Blutkörperchen und damit für die Bindung von Sauerstoff spielt Eisen die zentrale Rolle. Frauen neigen durch den Monatszyklus und den damit verbundenen Blutverlusten ohnehin eher zu Eisenmangel. Daher darf bei einer guten Diät Eisen nie fehlen. FIGURAFIT berücksichtigt diese Frage und ist daher auch für Frauen in den kritischen Tagen als fertige Trenn-Diät geeignet.

Warum die Trenn-Diät Vitamine enthält

Noch immer streiten sich die Wissenschaftler: Ist es sinnvoller, Vitamine nur über die Nahrung oder auch in Form von Tabletten aufzunehmen? Eines aber ist wohl sicher: Es wäre allemal vernünftiger, seine Ernährung so umzustellen, daß der Körper auf natürliche Weise mit allen Vitaminen versorgt wird. Wer jedoch zusätzlich ein Vitaminpräparat einnimmt, schützt sich noch besser vor Mängeln und ist auf der sicheren Seite.

Wofür brauchen wir überhaupt Vitamine? Sie sättigen uns nicht, helfen nicht gegen Durst, versorgen unseren Organismus mit keinerlei Energie. Und doch: Der Körper braucht sie lebensnotwendig, um den Stoffwechsel aufrechterhalten zu können. Ist der Vitaminhaushalt nicht ausgewogen, wird der Körper unterversorgt, dann fühlen wir uns schlapp und werden sogar ernsthaft krank.

Vitamine und Diät

Gute Diäten sind so zusammengestellt, daß sie dem Körper Tag für Tag die wichtigsten Vitamine geben. Während Sie mit FIGURAFIT, der Trenn-Diät aus der Apotheke, abspecken, brauchen Sie sich keine Sorgen zu machen: Diese Trenn-Diät wurde sorgfältig entwickelt. Die Portionsbeutel enthalten exakt die richtigen Vitamine in der richtigen Menge, die Sie brauchen. Schließlich soll FIGURAFIT schlank machen, nicht krank. Und was ist in der Zeit nach FIGURAFIT? Dann sollten Sie sich an die folgende Aufstellung halten, die Ihnen einen Überblick gibt über die wichtigsten Vitamine und wie Sie sich damit ausreichend versorgen können. Denn wie sagte schon James Bond, der Filmagent 007: Informationen verlängern das Leben!

Was Sie wissen sollten

Vitamin A:

Das ist ein fettlösliches Vitamin, häufig auch »Retinol« genannt. Seine Aufgabe ist, Haut und Schleimhäute sowie das Sehpurpur im Auge zu schützen. Wer an Vitamin-A-Mangel leidet, klagt über Nachtblindheit, Geschwüre am Auge, Haarausfall, starke Verhornung und Pigmentierung der Haut oder über Kropfbildung. Außerdem können sich Knochen und Zähne nicht gut entwickeln, wenn Vitamin A fehlt. Die besten natürlichen Vitamin-A-Spender sind Leber, Süßkartoffeln (Topinambur), Möhren, Spinat, Wasser- und Honigmelone, Grünkohl, Brokkoli, Aprikosen, Endivien- und Blattsalat, grüner Spargel, Erbsen, Buschbohnen, Mais, Petersilie und Eier.

Vitamin B_1:

Es ist ein wasserlösliches Vitamin, das auch »Thiamin« oder »Aneurin« genannt wird. Es gilt als unentbehrlich für den Kohlenhydratstoffwechsel, für alle unsere Nervenzellen und für den Herzmuskel. Mangel kann zu Muskelschwäche führen, zu Nerven- und Kreislaufstörungen. Viel Vitamin B_1 steckt in Backhefe, Bierhefe, Sonnenblumenkernen, Roggen- und Weizenkeimen, in Weizenkleie und Sesamkörnern, in Sojasprossen und -mehl, Pistazien, Para- und Erdnüssen, Kalbsbrust und getrockneten Erbsen.

Vitamin B_2:

Es ist ein wasserlösliches Vitamin, das auch »Riboflavin« oder »Laktoflavin« genannt wird. Es spielt eine wichtige Rolle für den Energie- und Eiweißstoffwechsel, für den Sehvorgang, und es schützt Haut und Schleimhäute. Unterversorgung mit Vitamin B_2 kann zu Nervenschmerzen führen, zu Entzündungen der Schleimhäute, zu Sehschwäche und Veränderungen von Haut und Nägeln. Wenn Sie diese Störungen vermeiden wollen, essen Sie viel Hühner- oder Rindsleber, Hühnereier, Backhefe, Mais, Nüsse,

Reiskleie oder Hülsenfrüchte. Getränke, die eine Menge Vitamin B_2 enthalten, sind Vollmilch, Buttermilch, Weißbier und schwarzer Tee.

Vitamin B_6:
Es ist ein wasserlösliches Vitamin, das auch »Pyridoxin« oder »Adermin« genannt wird. Es ist beteiligt am Eiweißstoffwechsel. Bekannte Folgen eines Mangels an Vitamin B_6 sind Blutarmut, Leberschäden, Hautinfektionen oder Nervenentzündungen. Die wirkungsvollsten Vitamin-B_6-Lieferanten sind Bierhefe, Hafer, Hirse, Lachs, Makrele, Sardine, Soja, Walnüsse, Weizenkleie und Weizenkeime, Hühnerleber und Vollkornreis.

Folsäure:
Sie ist ein wasserlösliches Vitamin aus der B-Gruppe, man nennt es auch »Pteroylglutaminsäure«. Es ist wesentlich beteiligt an der Blutbildung, und es spielt eine entscheidende Rolle bei der Immunabwehr. Blutarmut ist eine Folge von Folsäuremangel. Die besten Folsäurelieferanten sind Hefe, Gerste, Weizenkeime und -kleie, Wal- und Haselnüsse, Wirsing, Spinat, Spargel, rote Beete, Rosenkohl, Eier und Camembertkäse.

Vitamin C:
Es ist ein wasserlösliches Vitamin, das auch »Ascorbinsäure« genannt wird. Es baut Hormone auf, ist beteiligt an vielen Stoffwechselvorgängen und spaltet Stoffe auf, die den Organismus mit Eisen versorgen. Wer zuwenig Vitamin C zu sich nimmt, riskiert Entzündungen des Gaumens und an den Zähnen, Müdigkeit, Schwäche, Knochenveränderungen, Blutungen der Haut, des Darms und der Organe. Eine Menge Vitamin C enthalten Orangen und Pampelmusen (Grapefruit), Papaya und Erdbeeren, Brombeeren und Kirschen, ferner grüner Paprika, Rosenkohl, Brokkoli, Blumenkohl, Spinat, Bohnen, Tomaten und Kartoffeln.

Vitamin E:

Ist ein fettlösliches Vitamin, es heißt auch »Tokopherol« und ist als »Antisterilitätsvitamin« bekannt. Seine Funktion im Körper ist, die Zellen zu schützen und zu stabilisieren, und es ist das wichtigste Antikrebsvitamin. Bisher bekannte Folgen eines Vitamin-E-Mangels sind eine verkürzte Lebensdauer der roten Blutkörperchen sowie eine geschwächte Immunabwehr. Die besten natürlichen Vitamin-E-Spender sind Weizenkeimöl, Distelöl, Maisöl, Sonnenblumenkerne und Mandeln, Sojabohnen, Haferflocken und Vollkornbrot, Hummer, Lachs, Blattgemüse und Eigelb.

Der Venus-Faktor

Was ist eigentlich das Ziel einer Diät? Sollte jede Frau aussehen wie ein Fotomodell, jeder Mann wie Adonis? Sicher nicht. Das Ziel einer guten, einer vernünftigen Diät ist, wieder ins Gleichgewicht zu kommen – körperlich, geistig und seelisch. Darum gilt: Wenn Sie Ihre Ziele zu hoch schrauben, werden Sie sich selbst frustrieren. Nicht jedem ist eine Wespentaille, ein asketischer Körper mit in die Wiege gelegt worden. Darum seien Sie mehr Sie selbst!

»Schönheit« im Wandel

Machen Sie sich, bevor Sie mit der Trenn-Diät beginnen, einige Dinge klar: Noch um die Jahrhundertwende, also vor etwas mehr als 90 Jahren, war das Schönheitsideal rund – in der Malerei, aber auch im heimischen Schlafzimmer. Die Frau hatte ein ausladendes Becken, einen strammen Bauch, einen üppigen Busen. Und ein Mann, der etwas darstellte, der etwas geschaffen hatte, trug einen kleinen Bauch. Dann, nach Ende des 1. Weltkrieges, wurde plötzlich alles anders. In der Mode eroberte der Garcon, der sogenannte Bubentyp, die Welt. Alte Zöpfe wurden abgeschnitten. Man trug Bubikopf. Der volle Busen, das breite Becken wurden kaschiert. Das Figurideal der Frau wurde fast männlich. Und so ist es, wenn man einmal von den permanenten Modewandlungen absieht, bis heute geblieben, auch wenn ab und an üppige Blondinen zu den schönsten Frauen der Welt gekürt werden. Was war geschehen? Hatte sich der Geschmack so plötzlich verändert? Waren die Frauen vom Winter aufs Frühjahr anders geworden? Nein. Passiert war folgendes: Nach dem 1. Weltkrieg ging es allen schlecht. Die Märkte, die Schränke waren leer. Die Weltwirtschaft steckte in der Krise. Europa lag in Trümmern. Gesellschaftsordnungen brachen zusammen. Es begann ein neues Zeitalter, das sogenannte Industriezeitalter, in dem sich auch die Rolle der Frau veränderte. Jede Frau wurde dringend gebraucht – aber nicht im Heim und bei den Kindern, sondern in der Fabrik und beim Aufbau. Die neue Zeit bot neue Freiheiten, aber auch Risiken. Nur wer etwas aus eigener Kraft schaffte, kam durch. Und um durchkommen zu können, reichte es nicht mehr, wenn nur der Mann arbeitete. Die Frau, bis dahin eher in der Hausfrauen- und Mutterrolle, mußte über Nacht männliche Züge annehmen, war nicht mehr die angebetete Venus, sondern die Kameradin, die Arbeitskollegin, die Partnerin. Mit dieser Entwicklung bekam die Frau nicht unbedingt neue Rechte. Aber sie bekam ein neues Aussehen, verordnet von Männern, von der Gesellschaft. Der Venus-Faktor der Frau ist seit den zwanziger Jahren endgültig dahin. Bis heute, obwohl sich die gesellschaftlichen Verhältnisse längst verändert haben.

Zu sich selbst finden

Der Wohlstand ist heute größer als je zuvor. Die Trümmer sind genau wie die Not beseitigt. So manche Frau könnte es sich leisten, wieder Frau zu sein und dennoch Partnerin zu bleiben. Sie könnte Kinder in die Welt setzen und dennoch Selbstverwirklichung in der Arbeit finden. Die Frau von heute könnte ihre körperlichen weiblichen Attribute wieder zeigen, könnte stolz sein auf ein breites Becken, auf eine volle Brust, auf den kleinen Bauchansatz, der sie als Mutter eines Kindes ausweist, könnte den Venus-Faktor für sich neu entdecken. Doch die Frau von heute tut das nicht. Warum nicht? Die Antwort sehen wir Tag für Tag: im Fernsehen, in Illustrierten und auf Plakaten. Unsere Schönheitsideale sind schlank. Fotomodelle werden, wenn sie das 30. Lebensjahr erreicht haben, aufs Altenteil geschoben. Es gilt, die Illusion der schönen, schlanken Frau immer wieder neu zu nähren. Da braucht man neue Gesichter, neue Körper, neue Illusionen. Die Maschinerie, entstanden in Notzeiten, arbeitet perfekt. Millionen Männer und Frauen sehnen sich heute danach, schön und schlank zu sein, sind dem modernen Gesellschaftsspiel verfallen, sind in der Beurteilung ihres Körpers nicht freier, selbständiger und emanzipierter, sondern nur noch abhängiger geworden. Befreien Sie sich doch künftig etwas stärker von diesen Zwängen, die Sie möglicherweise sowieso schon im wahrsten Sinn des Wortes »dick« und »satt« haben. Suchen Sie in erster Linie nach Ihrem Gleichgewicht und nicht nach einem sogenannten Idealgewicht. Empfinden Sie es nicht als Makel, wenn Sie trotz Diät sanfte Rundungen behalten.

Rundum schön

»Rund« steht in der Mythologie, in der Menschheitsgeschichte für das Leben: Die Erde ist rund, die Sonne ist rund. Alle Atome, die unser Universum schaffen und zusammenhalten, sind rund. Auch die meisten Ihrer Zellen haben runde Formen, genau wie Ihre Zellkerne. Machen Sie sich klar: Ganzheit ist rund.

Warum, werden Sie sich jetzt sicher fragen, sollten Sie dann überhaupt eine Diät machen? Die Antwort ist simpel: Damit Sie wieder lernen, mit der Energie Nahrung richtig umzugehen. Denn wer Energien falsch nutzt, verliert sein Gleichgewicht. Und das Mittel, das helfen kann, heißt Diät. Diät wird fälschlicherweise immer noch als Beschränkung empfunden. Wer auf Diät lebt, muß nach landläufigen Vorstellungen hungern. Dem Sinne nach ist die Diät jedoch etwas Ganzheitliches. Übersetzt man das aus dem Griechischen stammende Wort Diät richtig, bedeutet es: Änderung der Ernährung, um eine Heilwirkung zu erreichen. »Heil« steht in diesem Sinne nicht für Heilung, sondern für »ganz«. Auch das Wort Diätetik wird übrigens oft falsch interpretiert, mit fader Nahrung und Schonkost gleichgesetzt. Dabei ist Diätetik die Lehre, die jeweils richtige Nahrung für den Einzelmenschen zu finden. Die Diät in diesem Buch ist so aufgebaut, daß Sie abnehmen. Aber Sie machen keine Hungerkur. Sie machen eine Diät im besten Sinne, finden dabei die für Sie am besten geeignete Nahrung und schließlich auch das für Sie am besten geeignete Gewicht.

Ganzheitlich abnehmen

Sie lesen dieses Buch vermutlich, weil Sie sich zu dick fühlen. Gut, Information ist der erste Schritt in eine schlankere Zukunft. Aber haben Sie sich schon einmal gefragt, warum Sie nicht mehr so schlank sind wie früher? Vielleicht, weil Sie bisher nicht genügend Energie aufgebracht haben, um sich beim Essen zu disziplinieren. Oder weil Ihnen einfach die Energie fehlte, eine Diät durchzuhalten. Wer stark übergewichtig ist, fühlt sich oft schlapp und müde, hat eine reduzierte Antriebskraft. Er hat zuwenig Energie, obwohl er doch Tag für Tag große Mengen Nahrung aufnimmt und damit große Mengen Energie. Warum ist das so? Und: Wie kann man das ändern?

Östliches Heildenken

Die westliche Medizin beantwortet diese Fragen in sich logisch, sie argumentiert: Das Herz eines Dicken verbraucht mehr Energie, weil es erheblich mehr leisten muß, um den massig gewordenen Körper zu durchbluten. Zweites Argument: Die Muskeln, Gelenke und Knochen verbrauchen mehr Energie, um das zusätzliche Gewicht zu bewegen und zu tragen. Beide Antworten sind richtig. Aber sie beschreiben eigentlich nur die Folgen des Dickseins, nicht die Ursachen.

Energiestörungen, die einen schlanken Körper immer dicker und dicker werden lassen, sind kompliziert. Um sie erklären zu können, darf man sich nicht allein mit Analysen von Körpergewicht und Blutdruck zufriedengeben. Das sind Teilergebnisse, die Teilantworten geben. Ganze Antworten bekommt man aber nur, wenn man das Ganze sieht. Um das Phänomen »dick« in seinen Ursachen zu verstehen, muß man sich daher mit Ganzheitsmedizin beschäftigen, zum Beispiel der chinesischen Ganzheitsmedizin.

Grundlage des östlichen Heildenkens ist die unmittelbare Beobachtung und exakte Beschreibung sowie Bewertung von körperlichen Energieströmungen. Der Arzt kümmert sich weniger um die Symptome, sondern mehr darum, Energiestörungen zu beheben. Er mißt dabei nichts, sondern verläßt sich sowohl bei der Beurteilung wie auch bei der Behandlung auf sein ärztliches Gefühl und auf jahrtausendealte Rezepte. Dabei wird der Mikrokosmos Mensch als Abbild des Makrokosmos Natur betrachtet, weil beide den gleichen Gesetzmäßigkeiten gehorchen.

Der energetische Kreislauf

Der chinesische Arzt geht davon aus, daß beim Menschen wie in der Natur ein ständiger energetischer Kreislauf stattfindet, teils innerhalb, teils außerhalb bestimmter Leitbahnen (Meridiane, Akupunkturlinien). Und die energetischen Kräfte werden als Yin und Yang bezeichnet.

In seiner ursprünglichen Bedeutung ist Yang die von der Sonne bestrahlte Seite eines Berges. Yin ist die Bergseite, die im Schatten liegt. Im Chinesischen heißt es: Hier ist das Yin, dort ist das Yang – und das ist das Tao. Tao ist der Weg, ist das Naturgesetz, ist die Ordnung aller Dinge, ist eine Religion (Taoismus), die Chinas Kultur ähnlich stark prägte wie der Konfuzianismus und der Buddhismus. Die taoistische Lehre stellt den Menschen mit seinen Funktionen und Beziehungen zu seiner Umwelt in den Mittelpunkt der Betrachtung. Danach steht der Mensch zwischen Himmel und Erde. Durch die Atmung ist er mit dem Himmel (Yang), durch die Nahrung mit der Erde (Yin) verbunden. Nahrung ist nach dieser Betrachtung also weit mehr als ein Sattmacher, der Vitamine und Mineralien, Eiweiß und Kohlenhydrate liefert. Nahrung ist ein energetisches Bindeglied, ist der Strang, der uns mit der Erde verbindet. Ist dieser Strang gestört, geraten wir außer uns, stehen nicht mehr fest auf der Erde und im Leben. Und wir sind unbewußt bemüht, diesen Mangel auszugleichen. Das schnellste Mittel ist Zusatzgewicht, ähnlich wie bei einem Heißluftballon. Warum nennen wir Fettpolster auch Rettungsringe, obwohl wir doch wissen, daß das Fett uns und unserem Organismus in jeder Hinsicht schadet? Wovor retten sie uns? Vor der Gefahr, den festen Boden unter den Füßen zu verlieren! Der westliche Mediziner hält die Gefahr, daß wir den Boden unter den Füßen verlieren, in der Regel für ziemlich gering, weil er nur den physikalischen, nicht aber den energetischen Körper sieht. Der chinesische Mediziner denkt, sieht, empfindet anders. Er spürt Störungen des Yin und Yang. Er braucht weder elektrophysikalische oder meßbare Beweise, um zu wissen, daß die von den Chinesen als Qi (japanisch: ki, indisch: prana) bezeichnete Lebensenergie in Unordnung geraten ist. Er weiß: Das Gleichgewicht von Yin und Yang ist Leben in Gesundheit und Harmonie.

Störung der Harmonie

Und er weiß zwei weitere Dinge:

1. Störungen des energetischen Gleichgewichts zwischen Yin und Yang führen zu Krankheit.
2. Die Trennung von Yin und Yang heißt Tod.

Der Trieb, mehr Nahrung, mehr Energie als notwendig aufzunehmen, ist nach diesem Gedankenmuster eine Störung der Harmonie. Und ständiger Hunger, aber auch ständige Appetitlosigkeit sind das Warnsignal des energetisch gestörten Körpers. Die Chinesen wissen auch: Diese Störung läßt sich nicht allein durch eine Diät beheben, sondern nur durch eine gleichzeitige Harmonisierung der gestörten Energien. Der Mensch hat nach der asiatischen Ganzheitslehre sieben Energiezentren, die als radförmige Wirbel oder auch als Trichter bezeichnet werden. Man nennt diese Energiezentren Chakren (Sanskrit: Chakra = Rad). Von ihnen aus führen Energiebahnen in den ganzen

Körper. Sind diese Chakren offen und pulsieren, sind wir im Einklang, in Harmonie. Sind sie »verstopft« oder auch geschlossen, fließt unsere Energie mangelhaft. Die Folge sind körperliche und mentale Störungen. Wie stark wir mit unseren Chakren reagieren, läßt sich leicht an einem Beispiel erklären.

Das Geheimnis der Chakren

Sicher haben Sie auch schon einmal erlebt, wie Sie von einem anderen Menschen abgelehnt wurden. Er hat nichts gesagt, nichts getan. Und doch haben Sie diese Ablehnung empfunden. Ihr Körper hat mit Mißempfindungen reagiert, vielleicht sogar mit einem Druck im Bauch, wo das Nabel-Chakra sitzt. Oder im Hals, dem Sitz des Kehl-Chakras. Denkbar ist auch ein Schmerz in der Brust, wo das Herz-Chakra lokalisiert ist. War Ihr Energiekörper in dieser Situation intakt, haben Sie sich unbewußt geschützt. Sie haben die negative Energie gespürt, aber nicht in sich hineingelassen. Die Ablehnung prallte ab. Ganz anders reagiert ein gestörter Energiekörper. Er nimmt die schlechten Energien ungefiltert auf, ist viel, viel dünnhäutiger. Dicke gelten zwar als gemütlich, ruhig und besonders fröhlich. Doch die Wirklichkeit ist anders: Dicke haben mehr psychische Probleme als Schlanke, leiden häufiger an Depressionen. Sie wirken nur auf den ersten Blick nicht so, weil sie nicht nur Süßigkeiten, sondern auch Probleme in sich hineinfressen. So mancher Dicke reagiert auf jedes falsche Wort, jede schlechte Stimmung, auf Streß, Liebesentzug oder Ablehnung. Aber er reagiert nicht mit Wut oder mit Attacken. Er reagiert auf seine Art. Er ißt zum Ausgleich hemmungslos. Eine Reaktion, die verständlich, ja, sogar völlig natürlich ist. Wer sich verletzlich fühlt, ist bemüht, sich zu schützen, zum Beispiel durch Fettpolster oder einfach durch eine größere Masse. Das ist übrigens nicht nur bei Menschen, sondern auch bei Tieren so. Von den Vögeln wissen wir, daß sie sich in Gefahrenmomenten beziehungsweise bei einem Angriff bis zum doppelten Umfang aufplustern. Der dicke Mensch fühlt sich Tag für Tag angegriffen. Und je dicker er wird, desto verletzlicher wird er. Er lebt in einem Teufelskreis, der mit energetischen Problemen und nicht mit zuviel Nahrung begann. Um aus diesem Teufelskreis ausbrechen zu können, muß er daher nicht nur vernünftiger mit der Energie Nahrung, sondern auch mit seinen Energiezentren umgehen. Wie das geht, möchte ich Ihnen jetzt gerne erklären.

Schlank durch Farben

Wie kommt es eigentlich, daß sich Menschen mit Übergewicht wie magisch angezogen fühlen von Süßigkeiten? Psychologen meinen, der Hintergrund für dieses oft suchtartige Verlangen sei mit der Kindheit zu erklären. Wir alle wissen: Kinder werden mit Süßigkeiten belohnt. Und weil wir das wissen, fällt es leicht zu glauben, daß sich der Dicke, der von der Gesellschaft nicht akzeptiert wird, als Erwachsener nun selbst belohnt und Tag für Tag Süßigkeiten verschlingt. Aber erklären diese psychologischen Erscheinungen wirklich das ganze Phänomen? Machen Sie, um eine für Sie gültige Antwort zu finden, doch bitte mal einen Test bei Ihrem nächsten Gang durch den Supermarkt.

Die Macht der Farben

Sie sollten hungrig sein und ohne wirklich etwas zu kaufen durch die Gänge, vorbei an den Regalen gehen. Wo bleiben Sie stehen? Wo steigt Ihr Appetit? Was zieht Sie wirklich an? Notieren Sie alle Erfahrungen. Wichtig ist nicht nur das Nahrungsmittel, das Sie gerne kaufen und verzehren wollen, sondern auch seine Farbe. Mal wird es eine knalligrote Tomate sein, mal eine grüne, leuchtende Paprika. Sehr oft aber auch Süßigkeiten, die bunt verpackt sind und oft schreiende, leuchtende Farben haben. Farben sprechen nicht nur unseren Verstand, sondern auch unser Unterbewußtsein, unseren Energiekörper an. Farben sind Energien, die Blinde zum Beispiel spüren können. Ein gestörter Energiekörper nutzt diese Kraft, versucht, sie intuitiv durch Farben zu harmonisieren. Süßigkeiten, egal, ob nun Bonbons oder Torten, haben daher eine ganz besonders starke Anziehungskraft. Wohlgemerkt: Nicht allein wegen ihres Geschmacks und ihrer schnell wirkenden Energie (nichts baut der Körper so schnell um wie Zukker), sondern mindestens genauso stark wegen ihrer Farben. Wollen Sie das »Geheimnis schlank« für sich enträtseln, sollten Sie daher künftig nicht nur auf Kalorien, Fettgehalt und ähnliches achten, sondern auch darauf, welche Farben Sie ansprechen. Bei der Nahrung. Bei der Kleidung. Bei den Einrichtungsgegenständen Ihrer Wohnung. Überall, selbst bei der Farbe Ihres Autos. Notieren Sie auch diese Vorlieben ähnlich wie bei Ihrem Gang durch den Supermarkt. Sie werden diese Daten später brauchen.

Weisheit aus Jahrtausenden

Schlank durch Farben. Das klingt sehr neuartig. Doch Sie sollten wissen: Diese Theorien sind nicht neu. Im Gegenteil. Sie sind uralt und seit Jahrtausenden bekannt. Nicht bei uns, aber in der energetischen Medizin und in der Chakren-Lehre der asiatischen Ganzheitsmedizin. Unser Energiekörper hat sieben Chakren. Jede dieser Chakren hat eine eigene Farbe, eine eigene Schwingung. Daher lassen sich diese Chakren mit Farben und Schwingungen und mit Massagen, Pflanzenextrakten, Yoga, Meditation und Musik beeinflussen. Sie können selbst an Ihren Chakren arbeiten, Ihre Energiestörungen beheben. Aber bevor Sie das tun, sollten Sie etwas mehr über die Chakren wissen: Jedes einzelne Chakra hat eine andere Aufgabe – sowohl im physischen Körper (Knochen, Organe) wie auch im ätherischen Körper (Auraschichten):

Das 1. ENERGIEZENTRUM (das WURZEL-CHAKRA) ist rot, sitzt an der Basis der Wirbelsäule und verbindet uns mit der Erde, gibt uns Urvertrauen sowie Gefühle von Zufriedenheit und Sicherheit. Dieses Chakra festigt die Knochen, die Zähne, die Nägel und Haare. Es hat die stärkste Verbindung zu unseren Geschlechtsorganen und zu unseren Geschlechtsdrüsen.

Das 2. ENERGIEZENTRUM (das MILZ-CHAKRA) ist orange, sitzt etwas unterhalb des Bauchnabels und hat auf der physischen Ebene eine Verbindung zur Milz. Auf der ätherischen Ebene beeinflußt es vor allem unsere Gefühle, aber auch unsere Stärke, unser konkretes Wissen sowie unseren Optimismus. Es sorgt über seine Energiebahnen für unseren Flüssigkeitshaushalt, reguliert Speichel, Urin und Samen.

Das 3. ENERGIEZENTRUM (das NABEL-CHAKRA oder SONNENGEFLECHT) ist gelb, sitzt etwas oberhalb vom Bauchnabel und hat auf der körperlichen Ebene eine starke Verbindung zur Vitalität, zur Wärme. Auf der ätherischen Ebene reguliert es unsere Gefühle und Gemütsregungen.

Das 4. ENERGIEZENTRUM (das HERZ-CHAKRA) ist grün, sitzt etwas oberhalb des Herzens und hat auf der körperlichen Ebene Verbindung zu Herz und Thymusdrüse (das Schulungsorgan für unsere Abwehrzellen). Auf der ätherischen Ebene gibt es uns Leichtigkeit, Kreativität, Lebenslust, Freundlichkeit, Harmonie und die Fähigkeit zur Liebe.

Das 5. ENERGIEZENTRUM (das KEHL-CHAKRA) ist blau und sitzt in der Höhe des Halses. Auf der körperlichen Ebene hat es eine Verbindung zur Schilddrüse. Auf der ätherischen Ebene ist es verantwortlich für unseren Hörsinn, für das Kommunikationsbedürfnis, für Idealismus, Inspiration und Glauben.

Das 6. ENERGIEZENTRUM (das STIRN-CHAKRA) ist indigo und liegt zwischen den Augenbrauen. Auf der körperlichen Ebene hat es eine intensive Verbindung zum Gehirn und zur Zirbeldrüse. Auf der ätherischen Ebene steht es für Intuition, für Weisheit, für wahre Liebe.

Das 7. ENERGIEZENTRUM (das SCHEITEL-CHAKRA) ist violett und sitzt direkt am Scheitel. Es hat auf der körperlichen Ebene eine Verbindung zur Hypophyse (Hirnanhangdrüse), ist jedoch sehr viel intensiver mit der ätherischen Ebene des Körpers verbunden, hat die höchsten Schwingungen und steuert unsere Spiritualität. Bei sehr gläubigen, sehr spirituellen Menschen sind diese Schwingungen sichtbar. Eingeweihte, die Auren und Energie spüren beziehungsweise sehen können, sprechen von einem sogenannten Heiligenschein, der manchmal Yogis, Mönche oder auch bedeutende indianische Heiler umgibt.

Jetzt wissen Sie etwas über die Chakren. Was können Sie mit diesem Wissen anfangen? Schon sehr viel. Haben Sie bei Ihrem Gang durch den Supermarkt oder bei der Auflistung Ihrer sonstigen Lebensbereiche festgestellt, daß zum Beispiel die Farbe Rot in Ihrem Leben eine große Rolle spielt? Dann können Sie schon jetzt davon ausgehen, daß Ihr energetisches Problem, das Sie dick und dicker macht, mit hoher Wahrscheinlichkeit etwas mit Ihrem Wurzel-Chakra zu tun hat. Noch klarer wird das alles aber erst, wenn Sie ein paar Zeilen weiterlesen und mehr über Chakrenstörungen und ihre Auswirkungen wissen.

Wie komme ich zu Tat- und Entschlußkraft?

Eine Chakrenstörung bedeutet: Entweder ist zuviel oder zuwenig Energie vorhanden. Beide Störungsarten verursachen ganz bestimmte und konkrete Leiden, Krankheiten, Stimmungen und Charakterzüge. Ein Energieüberschuß im Wurzel-Chakra führt zu Nervosität, übermäßiger Libido, zu Egoismus, zu starker Abhängigkeit von materiellen Werten. Ein Energiemangel löst fehlendes Interesse an Sex aus, hat Lebensüberdruß, Pessimismus und fehlendes Selbstbewußtsein zur Folge. Bei Energieüberschuß empfehlen sich die Farben Violett, Indigo, Blau, Grün, Gelb und Orange, die alle anderen Chakren stärken und den Überschuß ausgleichen. Bei einem Energiemangel empfiehlt sich die Eigenfarbe des Chakras, also Rot. Ein Mensch mit Übergewicht wird in der Regel nicht nervös, sexuell überaktiv sein und den materiellen Dingen nachjagen. Daher ist es äußerst unwahrscheinlich, daß er an einem Energieüberschuß im 1. Energiezentrum leidet. Eher ist der Übergewichtige nicht so sehr an Sex interessiert, ist eher pessimistisch und leidet an mangelndem Selbstbewußtsein. Das bedeutet: Die Schwingungen, die seine energetischen Störungen beheben und die ihn schlanker machen können, liefert die Farbe Rot. Er sollte, wann immer es möglich ist, sich mit Rot konfrontieren. Beim Essen, aber auch sonst im Leben. Und in einer freien Stunde sollte er sich auch einmal ungestört für 30 bis 40 Minuten in rotes Licht setzen. Farbige Glühbirnen, die Sie auch in die Schlafzimmerleuchte schrauben können, gibt es in der Leuchtenabteilung jedes Kaufhauses. Sie werden, wenn Sie diese Eigentherapie wenigstens zwei Wochen täglich durchhalten, erstaunt sein. Sie verändern sich. Ihre Stimmungen, Ihre Gefühle werden stabiler. Und Sie haben schon nach der ersten Woche längst nicht mehr soviel Appetit wie früher, als Sie noch versuchten, Ihr Gemüt vorwiegend mit Nahrung zu besänftigen.

Ein Energieüberschuß im Milz-Chakra führt zu Aggressivität. Ein Energiemangel fördert Impulse, macht überängstlich. Die Behandlung des Energieüberschusses umfaßt die Farben Violett, Indigo, Blau, Grün, Gelb und Rot. Bei Energiemangel empfiehlt sich die Eigenfarbe des Chakras, also Orange. Übergewichtige Menschen sind meist sanft. Es ist also recht unwahrscheinlich, daß ein Energieüberschuß besteht. Wahrscheinlicher ist der Energiemangel. Daher der Rat, wenn Sie Übergewicht haben und ein überängstlicher Mensch sind: Konfrontieren Sie sich mit Orange, wann immer es geht. Und machen Sie Ihre eigene Farbtherapie, setzen Sie sich Tag für Tag für 30 bis 40 Minuten in orangefarbenes Licht. Ein Energieüberschuß im Nabel-Chakra löst ungebändigte, ungelenkte Kraft aus, stärkt oft auch den Hang zur totalen Perfektion. Ein Energiemangel führt hingegen zu chronischen Darmstörungen (Verstopfung), zu Mißtrauen, zu Gefühlen der Unsicherheit. Die Behandlung des Energieüberschusses kann durch die Farben Rot, Orange, Grün, Blau, Indigo und Violett erfolgen. Die Behandlung des Mangels allein durch die Chakren-Farbe, durch Gelb. Wer Übergewicht hat, spürt vielleicht manchmal ungebändigte, ungelenkte Kraft, neigt möglicherweise auch zur totalen Perfektion. Doch diese grundsätzlichen charakterlichen Merkmale hat ein dicker Mensch meist nicht, denn dann wäre er schon längst schlank, hätte den eigenen Perfektionsdrang auch an seinem Körper ausgelebt. Daher ist der Energiemangel sehr viel wahrscheinlicher, zumal die meisten Übergewichtigen über Verstopfung klagen, zu Mißtrauen neigen. Der Schritt in eine schlankere Zukunft führt daher über die Farbe Gelb, und es empfiehlt sich eine Farbtherapie mit gelbem Licht, gelber Kleidung, gelben Nahrungsmitteln. Ein Energieüberschuß im Herz-Chakra verursacht Verspannungen im Nackenbereich, Besitzansprüche und Launenhaftigkeit. Ein Energiemangel erzeugt Angst vor Ablehnung und die Sucht nach ständiger Bestätigung. Ein Überschuß kann mit den Farben Rot, Orange, Gelb, Blau, Indigo und Violett ausgeglichen werden. Ein Mangel nur mit der Eigenfarbe des Chakras, also mit Grün. Wer dick ist, hat Verspannungen im Nackenbereich, hat Besitzansprüche und neigt zu Launenhaftigkeit. Er leidet aber auch gleichzeitig an der ständigen Angst vor Ablehnung und sehnt sich geradezu süchtig nach Bestätigung. Es ist also nicht sehr leicht, aufgrund der beschriebenen Störungsfaktoren zu erkennen, ob ein Energieüberschuß oder ein Energiemangel besteht. Aber wenn Sie einmal intensiv in sich hineinhören und sich selbstkritisch betrachten, dann werden Sie schnell wissen, welche Charakterzüge bei Ihnen am stärksten vorhanden sind. Und dann wissen Sie auch, für welche Farbtherapie Sie sich entscheiden sollen. In der Regel wird es die Farbe Grün sein, denn fast alle Menschen in den westlichen Gesellschaften sind durch den täglichen Erhaltungskampf herzloser geworden und leiden an einem Energiemangel im Herz-Chakra. Ein Energieüberschuß im Kehl-Chakra ruft Arroganz, lästige Selbstgerechtigkeit und Machoqualitäten hervor. Ein Mangel macht schüchtern, ängstlich, zurückhaltend. Der Überschuß läßt sich ausgleichen mit den Farben Rot, Orange, Gelb, Grün, Indigo und Violett. Ein Mangel durch die Eigenfarbe des Chakras, durch Blau. Wer an sich selber Mängel feststellt – und sei es auch nur am viel zu dicken Bauch –, ist in der Regel weder arrogant noch selbstgerecht, sondern eher schüchtern, trägt am Strand lieber einen Badeanzug als einen Bikini. Daher ist es bei einem Übergewichtigen am wahrscheinlichsten, daß er unter einem Energiemangel leidet und seine Farbtherapie daher auf die Farbe Blau konzentrieren sollte. Ein Energieüberschuß im Stirn-Chakra ist verantwortlich für Fanatismus, Egozentrik, zu großen Stolz. Ein Mangel löst die Angst vor Erfolg aus, macht übersensibel und leicht verletzlich. Der Energieüberschuß läßt sich mit den Farben Rot, Orange, Gelb, Grün, Blau und Violett ausgleichen. Ein Mangel mit der Eigenfarbe des Stirn-Chakras, mit Indigo. Vielleicht neigen Sie ein wenig zu Fanatismus und zu Egozentrik. Aber das, was den Übergewichtigen in der Regel mehr belastet, ist seine Übersensibilität und seine Dünnhäutigkeit, seine große Verletzlichkeit. Daher ist es am wahrscheinlichsten, daß Sie in diesem Chakra an einem Energiemangel leiden und als Gegenmittel mit der Farbe Indigo arbeiten sollten. Ein Energieüberschuß im Scheitel-Chakra erzeugt Frustration, macht aggressiv und depressiv, verursacht Migräneanfälle und Schwindelattacken. Ein Mangel erzeugt Defizite in der Tat- und Entschlußkraft. Der Energieüberschuß läßt sich mit den Farben Rot, Orange, Gelb, Grün, Blau und Indigo ausgleichen. Der Mangel mit der Eigenfarbe des Chakras, mit Violett. Millionen Menschen haben Migräne-Attacken, vielleicht auch Sie? Aber welches von allen diesen geschilderten Phänomenen ist wirklich das stärkste? Fragen Sie sich das selbst. Sicher werden Sie dann schnell darauf kommen, daß der sehr viel stärkere Wesenszug bei Ihnen die mangelnde Tat- und Entschlußkraft ist. Dann sollten Sie diesen Mangel durch die Farbtherapie mit violettem Licht ausgleichen.

Jetzt wissen Sie, welche Farben Ihnen guttun und welche Ihnen helfen können, Ihre Figur- und Energieprobleme in den Griff zu bekommen. Und Sie könnten eigentlich gleich mit Ihrer sehr persönlichen Farbtherapie beginnen. Oder?

Ich weiß: So schnell geht das alles nicht. Sie brauchen etwas Zeit, um die Problematik zu verdauen. Gut. Nur, dann nutzen Sie bitte diese Zeit, und machen Sie sich einige grundsätzliche Überlegungen.

Was wissen Sie über sich?

Überlegung 1: Warum habe ich mich bei all den negativen Eigenschaften so oft wiedererkannt? Antwort: Weil Sie vermutlich nicht nur eine einzige Chakren-Störung, sondern mehrere haben. Das ist nach einer längeren Leidenszeit nur normal.

Überlegung 2: Ich habe so viele Probleme, mit welchem soll ich beginnen? Antwort: Beginnen Sie mit dem bedrükkendsten Gefühl. Oder mit Ihrem Charakterzug, der Sie bislang davon abhielt, eine Diät auch wirklich durchzuhalten. Beheben Sie zuerst Ihren Mangel an Tat- und Entschlußkraft. Arbeiten Sie mit der Farbe Violett, und vergessen Sie alle anderen Probleme erst einmal. Sie brauchen jetzt schnelle Erfolge, damit Sie motiviert bleiben und wirklich mit der Diät in diesem Buch beginnen. Es ist gut und zeigt Ihre Entschlußkraft, wenn Sie dieses Buch lesen. Allein vom Lesen ist jedoch noch niemand dünner geworden.

Überlegung 3: Was bringt mir das Ganze eigentlich? Antwort: Erfolg, an den Sie jetzt vielleicht noch nicht glauben können. Zuerst spürbare Erfolge bei der Farbtherapie, dann sichtbare Erfolge auf der Waage. Diese Erfolge können Sie sogar noch steigern. Durch eine andere Technik, die ich Ihnen hier vorstellen und erklären möchte.

Die Medizin der Kristalle

Die Kronen von Königen und Kaisern sind und waren reich mit Edelsteinen verziert. Der Papst, die Kardinäle, die Bischöfe trugen und tragen Edelsteine. Und auch der indianische Medizinmann vertraut bei seinen Heilungsritualen auf Steine. Genau wie der Schamane in den tropischen Regenwäldern Brasiliens. Edelsteine und Kristalle haben in allen Kulturen einen hohen Wert. Sind es die Farbe, der Glanz oder der Preis der Steine, welche uns fast magisch anziehen?

Alles ist von universeller Energie durchflutet, besteht in seinem Mikrokosmos aus Atomen und Neutronen, die schwingen. Auch Edelsteine und Kristalle, die härter als Eisen, härter als Stahl sind. Diese Schwingungen spürt der Mensch. Die Edelstein-Therapie nutzt diese Schwingungen und hat über Jahrtausende hinweg allein durch Empfindung und Erfahrung die Steine gefunden, deren Schwingungen gestörte Schwingungen in unseren Energiezentren (Chakren) heilen können.

Steine als Medizin

Steine als Medizin. Der westlich denkende Arzt schüttelt den Kopf, spricht von Hokuspokus, von Aberglauben. Aber so mancher, der den Kopf schüttelt, trägt einen Ring, hat ein steinbesetztes Armband oder eine Kette mit Edelsteinen. Die Heilmagie der Steine wirkt unabhängig vom Glauben, unabhängig von medizinischen Theorien. Steine sind Energiefelder, die weit stärker als menschliche Zweifel sind. Erinnern wir uns: Der Mensch besitzt sieben Energiezentren (Chakren). Jedes Energiezentrum hat eine andere Farbe und eine andere Schwingung. Daher läßt sich die menschliche Energie auch nicht mit einem Stein, sondern nur mit verschiedenen Steinen wiederaufladen. Erfahrungsberichte von Edelsteintherapeuten (meist sind es Heilpraktiker) belegen:

Störungen im 1. Energiezentrum (Wurzel-Chakra, rot) beeinflussen Rubin, Granat, roter Beryll, roter Jaspis, Rhodonit, rosa Turmalin, Thulit, Koralle, roter Saphir, roter Spinell und roter Zirkon.

Störungen im 2. Energiezentrum (Milz-Chakra, orange) beeinflussen Karneol, Feueropal, Hessonit, Sonnenstein, oranger Mondstein, Andalusit, Unakrit, Titanit und Bernstein.

Störungen im 3. Energiezentrum (Nabel-Chakra, Sonnengeflecht, gelb) beeinflussen gelber Saphir, Goldberyll, gelber Spinell, Edeltopas, gelber Zirkon, gelber Turmalin, Citrin, Rutilquarz, gelbbraunes Tigerauge, gelber Jaspis, Bernstein.

Störungen im 4. Energiezentrum (Herz-Chakra, grün) beeinflussen Beryll, grüner Saphir, Alexandrit, grüner Spinell, hellgrüner Topas, grüner Granat, grüner Zirkon, Turmalin, Smaragd, Moosachat, Opal, Jade, Peridot, blaugrüner Türkis, Malachit, Dioptas und grünblauer Chrysocoll.

Störungen im 5. Energiezentrum (Kehl-Chakra, blau) beeinflussen Saphir, Aquamarin, Spinell, blauer Topas, Zirkon, Turmalin, hellblauer Mondstein, Blauquarz, Opal, blaugrüner Türkis, heller Lapislazuli, Blauspat, Apatit, Kyanit.

Störungen im 6. Energiezentrum (Stirn-Chakra, indigo) beeinflussen Saphir, Aquamarin, Spinell, Turmalin, Opal, Transanit, Azurit, Lazulit, blauer Fluorit.

Störungen im 7. Energiezentrum (Scheitel-Chakra, violett) beeinflussen Amethyst, violetter Saphir, Spinell, Turmalin, Charoit, Thulit, Opal, Transanit, Fluorit.

Die jeweiligen Steine können universell eingesetzt werden:

Zum Beispiel können Sie die Energiezentren mit den Steinen leicht massieren. Sie können aber auch vor den Steinen meditieren und sich vorstellen, daß die Energien der Steine in das jeweilige Chakra fließen. Eine andere wirksame Möglichkeit besteht darin, den Stein einen Tag lang in Wasser zu legen und das durch den Stein energetisierte Wasser zu trinken. Wichtig ist jedoch, daß die Steine echt sind. Auf dem Markt gibt es viele nachgemachte Steine, die äußerlich kaum von Originalen zu unterscheiden sind. So mancher alte Stein ist für die Edelsteintherapie wertlos, weil er nicht mehr schwingt. Das einfachste Mittel, um die Schwingungen neu zu entfachen: Lassen Sie 10 Minuten lang klares Wasser über den Stein laufen, und legen Sie ihn 20 Minuten ins Sonnenlicht, um ihn wieder zu energetisieren. Eine Methode, die man übrigens auch anwenden sollte bei altem Familienschmuck, der sich mit negativen Energien des Vorbesitzers aufgeladen haben kann. Edelstein-Therapeuten gehen auch von einem Zusammenhang zwischen dem Sternzeichen des Menschen und seinen energetischen Schwingungen aus. Daher empfehlen sie bestimmten Sternzeichen bestimmte Steine:

- Für den WIDDER: Rubin, Hämatit, roter Jaspis.
- Für den STIER: Goldtopas, Koralle, Smaragd, blauer Saphir, Rosenquarz, Lapislazuli.
- Für den ZWILLING: Bergkristall, Aquamarin, Zitrin, Katzenauge, Tigerauge.
- Für den KREBS: Smaragd, Mondstein, Olivin, Serpentin, Chalzedon.
- Für den LÖWEN: Rubin, Bernstein, Goldquarz, Almandin, Olivin, Diamant.
- Für die JUNGFRAU: rosa Jaspis, Türkis, Zirkon, Karneol, Achat, Sadonyx.
- Für die WAAGE: Opal, Diamant, Smaragd, Aventurin, Padparadscha, Jade.
- Für den SKORPION: Granat, Topas, Achat, Hämatit, Beryll, Pyrop, Spinell.
- Für den SCHÜTZEN: Amethyst, Topas, Hyazinth.
- Für den STEINBOCK: Onyx, Beryll, Gagant, Rauchquarz, Jett.
- Für den WASSERMANN: blauer Saphir, Türkis, Malachit, Amazonit.

- Für den FISCH: Diamant, Jade, Aquamarin, Amethyst, Opal, Mondstein, Rheinstein.

Der Organismus weiß relativ genau, zu welchen Steinen er sich hingezogen fühlt. Beim Kauf eines Talisman-Steines oder eines Schmuckstückes sollte man sich daher weniger vom Preis oder von der Aufmachung, sondern mehr vom eigenen Gefühl leiten lassen.

Bei welchen Leiden nun lassen sich Edelsteine einsetzen? Antwort: bei jedem. Jedoch: Steine allein können nicht heilen. Ihre Schwingungen sind »lediglich« eine ausgezeichnete Hilfe, um Heilungsprozesse zu fördern.

Anwendungsmöglichkeiten von Edelsteinen:
Abszeß – Bernstein. Akne – Aventurin. Allergie – Bernstein. Angina – blauer Topas. Angina pectoris (Herzschmerzen) – Rosenquarz. Ängste – Turmalin, Türkis. Arterienverkalkung – Turmalin, Bernstein. Arthritis – Bernstein. Asthma – Bernstein, Malachit. Atembeschwerden – Bernstein. Augenschwäche – Bergkristall. Augenentzündung – Bergkristall. Alpträume – Rosenquarz. Bauchschmerzen – rotbrauner Jaspis. Blasenentzündung – Heliotrop. Bronchitis – Bernstein. Brustkrebs – Turmalin. Diabetes – Citrin. Depressionen – Turmalin. Durchblutungsstörungen – Bernstein, Granat. Epilepsie – Turmalin. Fieber – Bernstein. Flechten – Bernstein, Turmalin. Gallenblasenentzündung – Karneol, Malachit. Gallenkolik – Peridot. Gastritis – Citrin. Gelenkentzündungen – Bernstein. Gicht – Bernstein, Topas. Gleichgewichtsstörungen – Turmalin, Smaragd. Grüner und grauer Star – Smaragd, Bergkristall. Gürtelrose – Turmalin. Haarausfall – Bernstein, Amethyst. Halsschmerzen – Aquamarin. Hämorrhoiden – Hämatit. Heiserkeit – Calcedon. Hepatitis – rotbrauner Jaspis. Herpes – Bernstein, Turmalin. Herzinfarkt – Rosenquarz. Herzrhythmusstörungen – Rosenquarz. Heuschnupfen – Bernstein. He-

xenschuß – Bernstein. Hormonstörungen – Calcedon. Hörstörungen – Onyx. Hüftentzündung – Bernstein. Husten – Bernstein, Rutilquarz. Hypertonie – Sodalit. Hypotonie – Rubin. Impotenz – Rubin. Ischias – Bernstein. Knochenentzündung – Bernstein. Kopfschmerz – Bernstein. Krampfadern – Hämatit. Leistenschmerz – roter Jaspis. Liebeskummer – Malachit. Lymphknotenschwellungen – Aquamarin. Mandelentzündung – Bernstein. Migräne – Bernstein. Multiple Sklerose – Turmalin. Muskelentzündung – Bernstein. Muskelrheuma – Bernstein. Myom – Karneol. Nervenentzündung – Bernstein, Turmalin. Nervosität – Sodalit. Ohrensausen – schwarzer Turmalin. Psoriasis – Bernstein. Rachitis – Mondstein. Rheumatismus – Bernstein. Rückenschmerzen – Bernstein, Pyrit. Schwindel – Turmalin. Sprachstörungen – Calcedon, Topas. Streß – Citrin. Unterleibsschmerzen – roter Jaspis, Karneol. Wadenkrampf – Bernstein. Zahnfleischentzündung – Bernstein. Zyste – Karneol.

Die Medizin der Rhythmen

Es gibt ein wissenschaftliches Fach, das immer populärer wird. Es heißt Chronobiologie und versucht den Zusammenhang zwischen Zeit und bestimmten körperlichen Rhythmen zu erforschen. Die Wissenschaftler dieses Fachs sprechen davon, daß der Mensch über eine sogenannte innere Uhr verfügt, nach der fast alles in unserem Leben und in unserem Organismus abläuft – die Zellteilung, der Hormonhaushalt, der Schlaf, die Sexualität. Der französische Astronom de Mairan machte im Jahre 1729 ein einfaches, aber hochinteressantes Experiment. Der Wissenschaftler hatte beobachtet, daß sich die Blätter bestimmter Pflanzen (Heliotrope) mit dem ersten Sonnenlicht öffneten und mit dem letzten Sonnenlicht schlossen. De Mairan fragte sich, was wohl passieren würde, wenn die Pflanzen keine Sonne hätten. Er war verblüfft und verwirrt, als er in seinem völlig abgedunkelten Keller saß und bei Kerzenlicht beobachtete, daß sich die Pflanzen auch ganz ohne Sonne zur selben Zeit wie im Garten öffneten und schlossen. Die Pflanzen folgten nicht der Sonne, wie de Mairan angenommen hatte, sondern ganz offenbar einem anderen Rhythmus. Moderne Wissenschaftler machten viele weitere Tests dieser Art und nehmen heute an: Der Mensch, die Tiere und die Pflanzen haben in den Genen (Erbinformationen) Anlagen, die ihre Rhythmen steuern. Diese Erbinformationen sind über Jahrtausende geformt und optimiert worden, sind eng verbunden mit Tages- und Nachtzeiten, sind gekoppelt an Sonnenauf- und Sonnenuntergang, sind variabel und veränderlich mit den Jahreszeiten, mit dem Stand der Sonne. Die Wissenschaftler können bislang nicht sagen, wie unser Körper in dieses universelle Spiel von Energien eingebunden ist. Sie wissen aber eines ganz genau: Wir leben zu oft gegen unsere Rhythmen. Und die Folge der dann entstehenden Rhythmusstörungen ist Krankheit. Unsere Biorhythmen geraten sehr leicht durcheinander. Ein paar Beispiele: Wer mit dem Düsenjet Richtung Amerika (Westen) fliegt, ist schneller als sein Biorhythmus. Der Körper braucht Tage, um sich an die neue Zeit zu gewöhnen. Man rechnet für einen Zeitunterschied von sechs Stunden (Frankfurt–New York) etwa acht Tage Umstellung. Denn pro Tag gleicht sich der Körperrhythmus der neuen Zeit nur um etwa 45 Minuten an. In Richtung Osten hat der Körper noch mehr Mühe, braucht noch länger. Pro Tag (zum Beispiel in Hongkong) stellt sich der Körperrhythmus nur um 23 Minuten um, braucht demnach fast 25 Tage, um den Zeitunterschied von acht Stunden voll auszugleichen. Aber man muß nicht fliegen, um am eigenen Körper die Auswirkungen einer anderen Zeit zu spüren. Millionen stöhnen, wenn im Frühjahr die Uhr auf die Sommerzeit umgestellt wird. Ihnen macht schon die einstündige Umstellung der Zeit Probleme, und sie brauchen Tage, bis sich ihr Körper wieder richtig eingependelt hat. Streß mit hohen Adrenalinausschüttungen verändert die monatliche Periode der Frau. Ähnliches passiert auch bei starken sportlichen Anstrengungen. Kaffee und Drogen aller Art stören den Schlafrhythmus. Der Herbst verändert unseren Eßrhythmus, macht uns hungriger. Der Winter verändert unseren Bewegungsrhythmus. Das Frühjahr und der Herbst stimulieren unsere sexuellen Rhythmen. Die Wissenschaft hat fünf Arten des körperlichen Rhythmus gefunden: Der sogenannte Ultradian hat Zyklen, die in einem Zeitraum von weniger als 20 Stunden immer wiederkehren und unter anderem Einfluß auf unseren Herzschlag, auf unsere Konzentration sowie auf unsere Gehirnwellen nehmen. Der Zirkadian umfaßt einen vollen Tag, steuert unsere Temperatur, unseren Blutdruck, unsere Aktivität und Müdigkeit sowie unsere Zellteilung. Der sogenannte Zirkaseptan ist ein Rhythmus, der innerhalb einer Woche ständig wiederkehrt. Er spielt eine Rolle bei unserer Immunabwehr, nimmt Einfluß zum Beispiel auf das Abstoßen von Transplantaten, auf den Verlauf einer Erkältung, aber auch auf Schwankungen innerhalb der Woche bei Herzschlag und Blutdruck. Der Zirkatrigintan ist der Rhythmus, der innerhalb eines Monats wiederkehrt. Er ist es, der den Verlauf der Regel bei Frauen steuert. Der Zirkannuell durchläuft ein ganzes Jahr, ist mitbeteiligt bei jahreszeitlich bedingten Depressionen (zum Beispiel im Winter), bei der Steuerung unseres Sexualdrangs (aktivste Zeit im Herbst) und bei bestimmten Anfälligkeiten für Krankheiten. Der für unser Wohlbefinden entscheidendste Rhythmus ist der Ultradian, der uns Tag für Tag bestimmte körperliche Schwankungen durchlaufen läßt. Wer gegen diesen Rhythmus lebt, wird ewig gestreßt sein und hat ein enorm hohes Gesundheitsrisiko. Wer ihn hingegen nutzt, kann mehr leisten, kann sich besser entspannen und wird sich seine Gesundheit länger erhalten.

Im Einklang mit seinen Rhythmen

Wer im Einklang mit seinen Rhythmen sein will, muß anders leben, seinen Tag vermutlich stark umstellen. Der ideale Tag, der die Kräfte der Rhythmen besser nutzt, beginnt schon sehr, sehr früh.

MORGENS ZWISCHEN 3 UND 6 UHR: Sie schlafen vernünftigerweise, da zu diesem Zeitpunkt Ihre Konzentrationsfähigkeit am geringsten ist.

MORGENS ZWISCHEN 6 UND 9 UHR: Sie lernen einen komplizierten Text. Oder Sie bearbeiten Akten für den Tag. Die Konzentration steigt erheblich an, macht Sie kreativ. Versuche haben belegt: Das Gehirn ist zu dieser Zeit um 15 Prozent aktiver als in allen anderen Phasen des Tages. Gleichzeitig ist in dieser Zeit die Libido am höchsten, und der Sex macht den meisten Menschen um diese Zeit den größten Spaß.

MORGENS ZWISCHEN 9 UHD 11 UHR: Sie organisieren das Büro, oder Sie sind in Konferenzen beziehungsweise machen Verträge. Zu dieser Tageszeit ist das analytische Denken am höchsten.

MITTAGS ZWISCHEN 14 UND 15 UHR: Die beste Zeit für das Mittagessen. Der Körper wird ohnehin müde, und Sie können in dieser Zeit keine Höchstleistungen vollbringen. Daher: Bloß keine wichtigen Besprechungen und keine Vertragsverhandlungen so ansetzen, daß sie mit einem langen und ausgiebigen Mittagessen verbunden sind. Die Gefahr für Fehlentscheidungen ist viel zu groß.

NACHMITTAGS ZWISCHEN 15 UND 16 UHR: In dieser Zeit sind Sie am geschicktesten für alle Handarbeiten. Nutzen Sie diese Phase, um aufzuräumen, um Arbeitsvorbereitungen für den nächsten Tag zu treffen. An freien Tagen können Sie in dieser Zeit daheim am besten nähen, am besten basteln.

NACHMITTAGS ZWISCHEN 16 UND 17 UHR: Wann immer Sie etwas beurteilen müssen, sollten Sie es in dieser Zeit tun. Zwar ist Ihr Körper nicht ganz in Hochform, dafür aber alle Ihre Sinne. Sie riechen besser, hören besser, schmecken besser, sehen besser als sonst am Tag. Wenn Frauen um diese Zeit einkaufen, haben sie den besten Geschmack. Maler haben in dieser Phase oft die besten Einfälle, das höchste kompositorische Geschick für die Wahl von Farben.

ABENDS ZWISCHEN 17 UND 21 UHR: Der Kreislauf ist in dieser Zeit am stabilsten. Auch die Lungen arbeiten besser und intensiver. Genau wie das Herz. Wenn Sie Sport treiben wollen, sollten Sie es in dieser Zeit tun. Ihre körperlichen Risiken sind erheblich reduziert.

NACH 21 UHR: Noch ist der Körper aktiv, aber er stellt sich schon auf Erholung um, will langsam Ruhe. Legen Sie in diese Zeit eine Entspannungsübung. Oder ein gutes, intensives Gespräch, bei dem es möglichst nicht um das gehen sollte, was Sie ohnehin den ganzen Tag beschäftigt hat. Jetzt will der Körper Abwechslung, will sich durch angenehme Gedanken und Stimmungen beruhigen und auf den Schlaf vorbereiten.

Der optimale Zeitpunkt

In der europäischen Medizin werden die Erkenntnisse der Chronobiologie noch nicht sehr stark berücksichtigt. Anders in Amerika und Japan. Kein fortschrittlicher Zahnarzt in Los Angeles oder Tokio würde einem stark schmerzempfindlichen Patienten einen Termin am frühen Morgen geben. Der Arzt weiß ganz genau: Morgens ist der Körper am empfindlichsten. Und kein wirklich guter amerikanischer Arzt würde ein Medikament verschreiben und vergessen, dem Patienten die Uhrzeit für die Einnahme des Präparats mit aufzuschreiben. Der Arzt weiß aus der Chronobiologie: Für den Abbau und die Verwertung von Medikamenten ist nicht nur die Zusammensetzung des Medikaments entscheidend, sondern auch die jeweilige chemische Bereitschaft des Körpers zur Verarbeitung des Präparates. Ein Beispiel: Aspirin ist ein Schmerzmittel, das nach neuesten Erkenntnissen auch das Blut verdünnt (Nebenwirkung: Magenbluten). Männer und Frauen nehmen daher oft an jedem Morgen eine Aspirintablette, um dem Infarkt vorzubeugen. Untersuchungen von Chronobiologen ergaben: Wird Aspirin am frühen Morgen geschluckt, so bleibt es 22 Stunden im Körper. Nimmt man das Medikament hingegen am frühen Abend, so gegen 17 Uhr, dann benötigt der Organismus nur 17 Stunden, um das Aspirin ganz abzubauen und zu verwerten. Allein durch die unterschiedliche Einnahmezeit erspart man dem Körper 5 Stunden Arbeit, entlastet die Organe schneller wieder. Es werden viele Fehler aus Unkenntnis gemacht. Der folgenschwerste betrifft sicherlich den Frühsport, der den Körper angeblich stärken und stählen soll und bei dem Tag für Tag Männer wie Frauen mit einem Infarkt zusammenbrechen. Die Chronobiologie weiß, warum das so ist. Körper und Herz haben morgens eine besonders schwache Phase. Chronobiologen konnten das mit einem einfachen Test anschaulich belegen: Für eine wissenschaftliche Studie stiegen 13 Patienten mit Angina pectoris (also Schmerzen im

Brustkorb) zwischen 5 und 8 Uhr morgens auf ein Tretrad und begannen zu strampeln. Alle 13 Personen hörten gleich wieder auf. Die Anstrengung verursachte einen Anfall und starke Schmerzen. Als alle 13 nachmittags zwischen 15 und 16 Uhr wieder auf das Tretrad stiegen und dasselbe Trainingsprogramm absolvierten, bekamen lediglich zwei einen akuten Angina-pectoris-Anfall. Die anderen hatten keine Mühen. Noch besser wurde das Ergebnis, als das Traningsprogramm gegen 17 Uhr absolviert wurde. Kein einziger Patient hatte Beschwerden. Der Hintergrund: Morgens, gegen 9 Uhr, durchläuft das Herz seinen absoluten rhythmischen Tiefpunkt, ist besonders verletzlich. Nachmittags gegen 17 Uhr erreicht es jedoch seinen chronobiologischen Höhepunkt und ist erheblich belastbarer. Das bedeutet: Morgens kann man zwar Sport treiben, aber nach Möglichkeit keinen Kraftsport, sondern eher einen geistigen Sport, zum Beispiel Meditation oder Tai-Chi. Das Herz folgt ganz eindeutig einem täglichen Rhythmus. Man weiß dies, seit es Herztransplantationen gibt. Bei einer Transplantation kommt es vor, daß das Spenderherz einen ganz eigenen Rhythmus hat, der nicht zum neuen Körper paßt. Es ist fast so, als würde nicht das Gehirn, sondern jede Zelle des Herzens diesen Rhythmus kennen und nach ihm leben – egal, in welchem Körper. Das neue Herz ist also nicht nur eine massive Störung für die körperlichen Abwehrmechanismen, sondern auch für die Chronobiologie des Organismus. Ob diese Rhythmusstörung mitverantwortlich für das Abstoßen eines Transplantats sein kann, ist bislang unklar. Fast alle Krankheiten haben mit Störungen des chronobiologischen Rhythmus zu tun – selbst Krebs: Normalerweise teilen sich unsere Zellen in einem festgelegten Rhythmus. Krebszellen tun dies nicht. Sie teilen sich am Tag zweimal oder auch gar dreimal, folgen keinem Rhythmus und wuchern. Offenbar spielt aber nicht nur der tägliche, der sogenannte zirkadiane Rhythmus bei der Entstehung von Krebs eine Rolle, sondern auch der jährliche, der zirkanelle Rhythmus. Brustkrebs diagnostizieren die Ärzte weltweit im Mai am häufigsten und im Dezember am seltensten. Prostatakrebs bricht am häufigsten und intensivsten in den Monaten März bis Mai aus. Im August ist das Risiko für diese Krankheit am geringsten. Die Chronobiologie schützt natürlich nicht vor Krebs. Aber wer mit und nach einigen chronobiologischen Überlegungen lebt, der bleibt gesünder.

Mit dem Universum im Takt

Eine Möglichkeit, im Takt und im Rhythmus mit den Energien des Universums zu bleiben, ist die Kräfteverteilung nach dem idealen Tag. Eine andere besteht darin, daß Sie sich wieder an die Sonne anschließen, wieder ein Leben mit der Natur führen. Einige wichtige und wirksame Hinweise:

1. Meiden Sie Koffein oder Tabletten mit Koffein. Das anregende Beiprodukt des Bohnenkaffees, das aber auch in Schokolade und in Tee vorkommt, wirbelt alle Körperrhythmen durcheinander.

2. Bauen Sie Streß ab, zum Beispiel durch autogenes Training (siehe Kapitel »Schlankhilfen von Akupunktur bis Zen«). Und dadurch, daß Sie nicht länger gegen, sondern ab sofort mit Ihren Rhythmen leben.

3. Schlafen Sie ausreichend. Was ausreichend ist, spüren Sie schnell selber, wenn Sie im Urlaub ein paar Tage lang den Wecker ganz vergessen.

4. Gehen Sie täglich mindestens 15 Minuten in die Sonne. Sonnenstrahlen sind die intensivsten Einwirkungen auf Ihren Rhythmus, können ihn nach und nach korrigieren und wieder in Takt bringen. Wichtig: Nehmen Sie dabei die Sonnenbrille ab. Denn über das Auge und nicht über die Haut wird die Zirbeldrüse im Gehirn aktiviert. Die Zirbeldrüse ist der Taktgeber der Rhythmen. So wie eine Glocke im Kirchturm bei bestimmten Anlässen und zu bestimmten Zeiten läutet, so schüttet die Zirbeldrüse

bei bestimmtem Licht ganz bestimmte Hormone aus und reguliert dadurch bestimmte Aktivitäten unseres chronobiologischen Körpers.

Und noch ein Tip: Verwechseln Sie nicht den körpereigenen Rhythmus mit dem sogenannten Biorhythmus, den der deutsche Arzt Wilhelm Fließ (1858–1928) begründete und der heute noch immer viele Anhänger hat, sogar von Automaten gegen Gebühr errechnet wird. Die beiden Dinge haben nichts miteinander zu tun. Fließ war ein Freund Sigmund Freuds und glaubte, mit den von ihm erstellten Biokurven das Schicksal des Menschen bestimmen und beeinflussen zu können. Er entwickelte dafür ein relativ kompliziertes Modell, nach dem es drei Rhythmen gibt, die der Mensch ständig von Geburt an durchläuft – den Körperrhythmus (23 Tage), den Seelenrhythmus (28 Tage) und den Geistrhythmus (33 Tage). Freud fand die Methode von seinem Freund Fließ zuerst genial, später lehnte er sie jedoch ab. Wissenschaftliche Untersuchungen gaben dem bedeutenden Psychologen Sigmund Freud recht. Bis heute gibt es keine ernst zu nehmenden Studien darüber, daß sich mit dem Biorhythmus, ähnlich zum Beispiel wie mit der Astrologie, schicksalhafte Erkenntnisse für den Menschen gewinnen lassen. Anders ist es mit den biologischen Rhythmen, die die Chronobiologie erforscht. Experten glauben, daß diese Disziplin vor allem über die Entschlüsselung von weiteren, bis heute noch unbekannten Hormonen unsere Medizin der nächsten Jahrzehnte erheblich beeinflussen wird.

Schlankhilfen – von Akupunktur bis Zen

Wer dick ist, futtert einfach zuviel. Das hört sich plausibel an, ist aber nur die halbe Wahrheit. Niemand nimmt einzig und allein nur deshalb zu, weil es ihm häufig zu gut schmeckt. Auslöser und Ursachen von Übergewicht sind so vielfältig wie das Diätangebot. Wenn man wirklich schlank werden möchte, sollte man zweierlei tun: zum einen seine Ernährung umstellen, zum anderen auch an sich arbeiten. Eine entscheidende Hilfe beim Abnehmen ist es, die wahren Hintergründe seines Dickseins zu erforschen. Körperliche Komponenten, die dick machen können, spielen zusammen mit psychischen Problemen und sozialen sowie gesellschaftlichen Zwängen. Befreien Sie sich von Ihren Problemen und den Zwängen, die Sie empfinden. Das ist leichter gesagt als getan, es ist keine Schande, sich dabei beraten oder helfen zu lassen. Es gibt eine Vielzahl von alternativen Therapiemethoden, denen Sie sich ruhig anvertrauen können. Machen Sie sich bitte immer klar: Das Ziel einer mühevollen Diät von vier oder sechs Wochen kann nicht allein sein, ein paar Pfunde weniger auf die Waage zu bringen. Sie möchten doch dem Geheimnis für Schlankheit auf die Spur kommen. Dieses Geheimnis hat nicht allein mit Ihrem Gewicht, sondern auch mit Ihren Sorgen und Nöten zu tun. Wege zu diesem Ziel weist das nachfolgende Lexikon, auch wenn nicht jede vorgestellte Therapie ein expliziter Schlankmacher ist:

Akupunktur

Das 500 Jahre alte chinesische Heilverfahren hilft bei allen chronischen Krankheiten wie Allergie, Rheuma, Wirbelsäulenerkrankungen, Magen-Darm-Krämpfen, Schmerzen, psychosomatischen Leiden – und bei Übergewicht.

Behandlung: An bestimmten Hautstellen (Akupunkturpunkten) werden millimeterfeine Nadeln gestochen. An den Hautstellen verlaufen die sogenannten Akupunkturlinien (Meridiane), die den gesamten energetischen Körper durchfließen. Beliebtester Akupunkturpunkt ist das Ohr, das nach der chinesischen Lehre ein Abbild des Körpers ist. In ihm liegen die Akupunkturpunkte für alle Organe und alle Gliedmaßen. Im Ohr befinden sich auch die sogenannten Suchtpunkte. Werden sie akupunktiert – ja, dann schmilzt der Appetit.

Fachleute: Heilpraktiker und Ärzte.

Preise: für eine Behandlung zwischen 80 und 200 Mark.

Informationen: Deutsche Akademie für Akupunktur, Conollystraße 26, 80809 München.

Alta Major

Spirituelle Rückentherapie. Hilft bei Rückenschmerzen und psychischen Problemen, zum Beispiel bei Angstattacken oder auch Depressionen.

Behandlung: Mit Massagen und Bewegungsübungen wird die eingeklemmte, gekrümmte Wirbelsäule langsam wiederaufgerichtet. Dadurch wird der Energiefluß erleichtert.

Fachleute: Heilpraktiker, Osteopathen.

Preise: 10 Sitzungen zirka 2000 Mark.

Informationen: Alta-Major-Institut, Schraudolphstraße 10, 80799 München.

Anthroposophische Medizin

Sie wurde begründet von Rudolf Steiner. Seinen Ansatz nennt man »ganzheitlich«: Der Mensch besteht nicht nur aus physischem Körper, sondern auch aus ätherischem Leib (Aura) sowie aus Seele und Geist. Hilft bei chronischen Krankheiten sowie bei Übergewicht und bei psychischen Störungen. Die Behandlung erfolgt ausschließlich mit natürlichen Mitteln, zum Beispiel Nahrung oder Pflanzen. Die Anthroposophen gehen davon aus, daß sich aus den Lebensbedingungen einer Pflanze Rückschlüsse ziehen lassen auf ihre Heilwirkung. So wird beispielsweise das Schmarotzergewächs Mistel gegen den Schmarotzer Krebs eingesetzt.

Fachleute: anthroposophische Ärzte, Kurheime, Kliniken. Die Behandlungen werden von den Krankenkassen bezahlt.

Informationen: Gemeinschaftskrankenhaus Herdecke, Beckweg 4, 58313 Herdecke.

Aroma-Therapie

Sie hat ihren Ursprung im Ayurveda, der alten indischen Heilweise, und ist eine sanfte Behandlungsmethode gegen körperliche und seelische Verstimmung. Ganzheitsansatz: Düfte sind Energien (ähnlich wie Farben) wirken über die Sinne und die Chakren (siehe Kapitel »Schlank durch Farben«) harmonisierend auf die Körperenergien. Hilft bei Magen-Darm-Problemen, Migräne, Asthma, Nervosität, Schlaflosigkeit, Ängsten – und ist erfolgreich bei Übergewicht.

Behandlung: Reine ätherische Öle von Blüten, Blättern, Nadeln oder Wurzeln werden inhaliert, als Badezusatz eingesetzt oder in die Haut massiert.

Fachleute: Ayurveda-Ärzte, Aroma-Therapeuten.

Preise. Essenzen ab 15 Mark, Duftlampen schon ab 15 Mark.

Informationen: Maharishi-Ayurveda-Gesundheitszentrum, Lembergblick 1, 55585 Norheim.

Autogenes Training

Von einem deutschen Lehrer entwickelte Entspannungsmethode, die erste Form der Tiefenentspannung. Die Entspannungstechnik ist wirksam gegen alle Leiden, die auch Streß als Ursache haben. Dazu gehören beispielsweise Herzinfarkt, Nervosität, Kreislauferkrankungen. Auch gegen Übergewicht kann autogenes Training effektiv angewendet werden.

Behandlung: Man ist Patient und Therapeut in einer Person, legt sich entspannt hin, sagt sich bestimmte Formelsätze vor (»Mein rechter Arm wird schwer«) und gerät dadurch in einen entspannten Zustand.

Fachleute: Psychotherapeuten, Ärzte. Man kann autogenes Training aber auch an der Volkshochschule lernen beziehungsweise durch Selbststudium eines Buches.

Preise: Einführungskurse ab 50 Mark, die Krankenkasse übernimmt die Kosten, wenn ein Arzt den Kursus empfiehlt.

Informationen: Bücher, die es in jeder guten Buchhandlung gibt – oder fragen Sie Ihren Hausarzt.

Autosuggestion

Unterstützende therapeutische Maßnahme, die die Kraft der Worte einsetzt, um die Seele zu beeinflussen. Hilft bei fast allen Leiden.

Behandlung: Der Patient suggeriert (beeinflußt) sich selbst, sagt sich Tag für Tag Formelsätze, zum Beispiel: »Mir geht es von Tag zu Tag besser.« Oder: »Ich werde von Tag zu Tag schlanker.« Möglichst keine verneinenden Sätze, da die Seele »nein« nicht kennt.

Fachleute: Psychotherapeuten.

Preise: ab 50 Mark.

Informationen: In jeder Buchhandlung gibt es Bücher, mit denen man sich selbst motivieren kann.

Bach-Blüten-Therapie

Begründet von Edward Bach, einem Engländer, der von London auf das Land zog und intuitiv ganz bestimmte Blüten suchte. Jede der 47 Blüten, die er fand, steht für einen bestimmten Menschentyp. Hilft bei Angst, Unsicherheit, mangelndem Selbstvertrauen, Überempfindlichkeit.

Behandlung: Der Patient nimmt Tag für Tag eine Essenz, die stark verdünnt ist (ähnlich wie in der Homöopathie).

Fachleute: Ärzte für Naturheilverfahren, Heilpraktiker, Apotheker.

Preise: Blütenessenzen kosten zirka 10 Mark. Ein Test beim Arzt, welche Essenz hilft, kostet etwa 40 Mark.

Informationen: Dr. Edward Bach Centre, Eppendorfer Landstraße 32, 20249 Hamburg.

Bindegewebsmassagen

Ihr Ursprung liegt in der chinesischen Medizin und ist eine Massage der Reflexzonen am Rücken, die über Nervenbahnen mit inneren Organen verbunden sind. Hilft bei chronischen Krankheiten, bei psychischen Beschwerden.

Behandlung: ziehende, stechende Massagen am Rücken. Der Masseur erfühlt über die Beschaffenheit des Bindegewebes Krankheiten. Durch die Massagen verbessert sich die Gewebeentspannung, und die Organe gesunden.

Fachleute: Masseure, Osteopathen, Heilpraktiker.

Preise: 30 Minuten zirka 30 Mark.

Informationen: Bücher, zum Beispiel »Grundriß der Bindegewebsmassage« (G.-Fischer-Verlag).

Biodynamik

Sie wurde von der Norwegerin Gerda Boyesen begründet und entwickelt, die die Psychotherapie von Wilhelm Reich weiterentwickelte. Hilft bei Angstneurosen, Depressionen, allen energetischen und psychischen Störungen, auch bei Schizophrenie.

Behandlung: Der Patient wird sanft massiert. Der Therapeut hört über ein Stethoskop, wie der Organismus auf die Massage reagiert und sich über den Darm »entlädt«.

Fachleute: biodynamische Masseure, ausgebildet nach Gerda Boyesen.

Preise: pro Behandlung (1 Stunde) zirka 150 Mark.

Informationen: Gerda-Boyesen-Institut, Richard-Wagner-Straße 9, 80333 München.

Bioresonanz-Therapie

Energetische Behandlungsmethode, die davon ausgeht, daß alle Zellen eines gesunden Körpers in einem bestimmten Rhythmus schwingen. Hilft bei Abwehrschwächen, energetischen Problemen.

Behandlung: Elektroden messen das Energiefeld des Patienten, stellen Störungen fest. Der Therapeut harmonisiert die Schwingungen, ebenfalls elektrotechnisch.

Fachleute: Ärzte für Naturheilverfahren.

Preise: zirka 120 Mark pro Behandlung.

Informationen: Bioresonanz-Therapie-Gesellschaft, Wettersteinstraße 18, 82110 Germering.

Colonics

In Amerika entwickeltes Verfahren zur Reinigung und Aktivierung des Darms. Hilft bei allen Immunstörungen, bei chronischer Verstopfung und Stoffwechselstörungen.

Behandlung: Der Darm wird mit warmem Wasser und Kräuteressenzen gespült, kann sich von Altschlacken befreien und regenerieren. Weiterentwicklung des Verfahrens: Zum Wasser wird Sauerstoff beigegeben, der auf natürliche Weise Keime, Viren, Pilze abtötet.

Fachleute: Ärzte für Naturheilverfahren.

Preise: ab 250 Mark.

Informationen: Caspers-Zentrum für Naturheilverfahren, Beethovenstraße 1, 94072 Bad Füssing.

Diätetika

Therapeutische Mittel, die nach § 14a der Lebensmittelverordnung als Schlankmacher angeboten werden dürfen. Helfen bei Übergewicht, zu hohen Cholesterinwerten.

Behandlung: Der Patient ißt ausschließlich ein Diätetikum, das ihn mit allen wichtigen Vitaminen, Mineralien, Spurenelementen und mit Eiweiß versorgt (zum Beispiel FIGURAFIT).

Fachleute: Ärzte, Apotheker.

Preise: Tagesrationen ab 20 Mark.

Informationen: in jeder Apotheke.

Edelstein-Therapie

Im Ursprung ayurvedisch, Grunddidee: Edelsteine haben Schwingungen (ähnlich wie Farben) und können daher die Chakren (siehe Kapitel »Schlank mit Farben«) beeinflussen.

Behandlung: Der Edelstein-Therapeut legt die Steine auf die Chakren beziehungsweise auf die Aura und beeinflußt über die Steine den energetischen Körper. Störungen im 1. Energiezentrum (Wurzel-Chakra, rot) beeinflussen Rubin, Granat, roter Beryll, rotes Jaspis, rosa Turmalin. Störungen im 2. Energiezentrum (Milz-Chakra, orange) beeinflussen Karneol, Feeropal, Hessoit, Sonnenstein, oranger Mondstein, Titanit und Bernstein. Störungen im 3. Energiezentrum (Nabel-Chakra, Sonnengeflecht, gelb) beeinflussen gelber Saphir, Goldberyll, gelber Spinell, Edeltopas, gelber Zirkon, Citrin, Rutilquarz, gelbbraunes Tigerauge, gelber Jaspis, Bernstein. Störungen im 4. Energiezentrum (Herz-Chakra, grün) beeinflussen grüner Saphir, Alexandrit, grüner Spinell, hellgrüner Topas, grüner Granat, grüner Zirkon, Malachit. Störungen im 5. Energiezentrum (Kehl-Chakra, indigo) beeinflussen Saphir, Aquamarin, Spinell, blauer Topas, Zirkon, Turmalin, hellblauer Mondstein, heller Lapislazuli, Baluquar. Störungen im 6. Energiezentrum (Stirn-Chakra, violett) beeinflussen Saphir, Aquamarin, Spinell, Turmalin, Opal, Transanit, Azurit, Lazulit, Fluorit. Störungen im 7. Energiezentrum (Scheitel-Chakra, violett) beeinflussen Amethyst, violetter Saphir, Spinell, Turmalin, Charoit, Thulit, Opal, Transanit, Fluorit.

Fachleute: Edelstein-Therapeuten, Heilpraktiker.

Preise: ab 50 Mark.

Informationen: In jeder Buchhandlung gibt es Bücher über Edelstein-Therapie.

Enzym-Therapie

Enzyme sind körpereigene Stoffe, die an chemischen Vorgängen beteiligt sind – auch am Stoffwechsel (siehe Kapitel

»Warum die Trenn-Diät Enzyme enthält«). Hilft bei Übergewicht, Vitalitätsstörungen, vorzeitigem Altern, Entzündungen.

Behandlung: Zufuhr fehlender Enzyme durch Mittel aus der Apotheke. Bei der FIGURAFIT-Trennkost allerdings brauchen Sie nicht zu befürchten, zuwenig Enzyme zu bekommen. Die Portionen enthalten ausgewogene Mengen an Enzymen, Vitaminen und Mineralstoffen.

Fachleute: Ärzte, Naturheiler, Apotheker.

Preise: ab 26 Mark.

Informationen: Figura Gesellschaft, Walgenbather Straße 5, 53567 Asbach.

Fußreflexzonen-Massage

Im Ursprung chinesisch, ähnlich wie die Akupunktur, nur nicht mit Nadeln, sondern mit Massage und Druck. Hilft bei Übergewicht, Rheuma, Darmproblemen, Gallenleiden.

Behandlung: Der Therapeut massiert und reizt die Fußsohle, die Abbild des gesamten Organismus ist. Werden bestimmte Punkte der Sohle massiert, reagieren Organe, Sinne, Nerven.

Fachleute: Masseure, Heilpraktiker.

Preise: 25 bis 45 Mark pro Massage.

Informationen: Bundesvereinigung der Bademeister, Hofweg 15, 22085 Hamburg.

Heilatmung

In allen Kulturen wurde der Atem als Lebensstrom definiert. Heute weiß man: Der moderne Mensch atmet in der Regel schlecht, braucht Nachhilfe. Die Heilatmung hilft bei Erschöpfung, Herz-Kreislauf-Schwäche, psychischen Störungen.

Behandlung: Atemübungen, meist gymnastischer Art, die das Zwerchfell und die Bauchatmung aktivieren.

Fachleute: Atemtherapeuten, Ärzte für Naturheilverfahren.

Preise: 25 bis 50 Mark pro Sitzung.
Informationen: Deutsches Zentrum für Sauerstoff-Therapie, Beethovenstraße 1, 94072 Bad Füssing.

Heilerde-Therapie

Energetische Therapie, die die Kraft von bestimmten Böden (Lehm, Löß oder Moor) und Wärme nutzt. Hilft bei Rheuma, Akne, Frauenleiden.

Behandlung: Der Patient bekommt je nach Diagnose seines Leidens eine Schlammpackung. Die Erde vitalisiert den Organismus.
Fachleute: Ärzte, Kurkliniken.
Preise: ab 100 Mark.
Informationen: Ihr Hausarzt oder Ihr Apotheker.

Heilfasten

Eigentlich eine religiöse Reinigung des Leibes und der Seele durch den Verzicht auf Nahrung. Hilft gegen Übergewicht, Arteriosklerose (Durchblutungsstörungen), Bluthochdruck, Diabetes, Hautkrankheiten.

Behandlung: Nur unter ärztlicher Aufsicht! Beginn der Therapie ist ein langsamer Entzug des Essens, dann wird eine Fastenpaste gereicht, bei der der Körper dennoch wichtige Vitalstoffe (Vitamine, Mineralien) bekommt. Zum Schluß, nach etwa 14 Tagen, langsamer Wiederaufbau mit Nahrung.
Fachleute: Ärzte für Naturheilverfahren, Kliniken
Preise: 14 Tage ab 2000 Mark.
Informationen: Caspers-Klinik für Naturheilverfahren, Beethovenstraße 1, 94072 Bad Füssing.

Heilpflanzen-Therapie

Natürlichste pflanzliche Methode. Hilft bei fast allen chronischen Leiden, aber auch bei Streß und Übergewicht.

Behandlung: Je nach Leiden bekommt der Patient Tees, Umschläge, Tabletten, Bäder oder Salben verordnet, die immer rein pflanzlich sind.

Fachleute: Ärzte für Naturheilverfahren, Heilpraktiker, Apotheker.

Preise: ab 5 Mark.

Informationen: Arbeitsgemeinschaft für Phytotherapie, Vogelherd, 88319 Aitrach.

Homöopathie

Gleiches mit Gleichem zu heilen war der Grundsatz des Deutschen Samuel Hahnemann, der als Begründer der Therapie gilt. Beispiel: Kaffee macht wach, also ist er in hoher Verdünnung auch geeignet als Schlafmittel. Klingt etwas unwahrscheinlich, funktioniert aber perfekt. Hilft bei allen Leiden, auch bei Übergewicht und Fettsucht.

Behandlung: Der homöopathische Arzt diagnostiziert und verordnet dem Patienten ein Mittel aus pflanzlichen, mineralischen oder tierischen Extrakten, das stark verdünnt ist.

Fachleute: Ärzte für Homöopathie, Apotheker.

Preise: unterschiedlich, je nach Extrakt.

Informationen: Arbeitskreis »Homöopathie«, Markstraße 35, 83646 Bad Tölz.

Hydro-Therapie

Moderner Begriff für alle Wasserbehandlungen, die auf den Erfahrungen von Pfarrer Kneipp aufbauen. Hilft bei Kreislauferkrankungen, psychosomatischen Störungen, Stoffwechselerkrankungen und bei Übergewicht.

Behandlung: Wasseranwendungen in jeder Form: Güsse, Wasserlaufen, Wickel, Duschen, Inhalation.

Fachleute: Kurheime.

Preise: verschieden, je nach Kurort.

Informationen: Kneipp-Bund e. V. Kathreinstraße 24, 86825 Bad Wörishofen.

Hypnose

Methode der Psychotherapie, die den Körper in einen tiefen Entspannungszustand versetzt. Hilft bei Angstzuständen, Nervenleiden, Schmerzen, Migräne, Asthma, Übergewicht.

Behandlung: Der Arzt oder der Heilpraktiker versetzt den Patienten in einen Tiefschlaf, bei dem der Körper völlig entspannt, der Geist aber noch ansprechbar ist. Der Patient ist dann eher bereit, über seine wirklichen Probleme und Ängste zu sprechen und sich von seinen Sorgen zu befreien.

Fachleute: Hypnosetherapeuten.

Preise: pro Sitzung zwischen 50 und 100 Mark. Um Erfolg zu haben, benötigt man mindestens sechs Sitzungen.

Informationen: Caspers-Klinik für Naturheilverfahren, Beethovenstraße 1, 94072 Bad Füssing.

Kälte-Therapie

Teilaspekt der Kneippschen Wasseranwendungen. Hilft bei Schwellungen, Verstauchungen, Rheuma, Stoffwechselstörungen.

Behandlung: Kältereiz als Bäder, Duschen, Güsse, Wikkel.

Fachleute: Ärzte, Heilpraktiker, Kurkliniken.

Preise: je nach Kurort verschieden.

Informationen: Kneipp-Bund e. V., Kathreinstraße 24, 86825 Bad Wörishofen.

Kinesiologie

Verfahren zum Austesten körperlicher Abwehrreaktionen über die Muskeln. Hilft bei Allergien (natürlicher Allergietest), bei Übergewicht (Reaktion auf unverträgliche Nahrungsmittel).

Behandlung: Der Therapeut drückt auf den ausgestreckten Arm des Patienten, konfrontiert ihn mit diversen Nahrungsmitteln, Metallen usw. Reagieren die Muskeln, so deutet das auf eine Unverträglichkeit hin.

Fachleute: Ärzte für Naturheilverfahren, Allergologen, Heilpraktiker.

Preise: etwa 100 Mark pro Beratungsstunde.

Informationen: Bente Wassenaar, Klinik Heinrichsbad, Kruppstraße 186, 45472 Mülheim an der Ruhr.

Lymphdrainage

Massagebehandlung. Hilft bei Ödemen, Rheuma, Migräne, Stoffwechselerkrankungen.

Behandlung: Die Lymphflüssigkeit, die sich meist durch Bewegungsmangel beziehungsweise Bindegewebsschwäche staut, wird wieder in Fluß gebracht. Wichtig, da der Körper über die Lymphbahnen entgiftet.

Fachleute: Lymphtherapeuten, Ärzte, Kosmetikerinnen.

Preise: ab 30 Mark.

Informationen: Gesellschaft der Lymphologen, Freiburger Straße 28, 79856 Hinterzarten.

Magnetfeld-Therapie

Energetisches Verfahren, das schon Hippokrates kannte. Hilft bei Entzündungen, Blutergüssen, Muskelzerrungen, Stoffwechselstörungen.

Behandlung: Der Patient wird über Folien oder Elektroden magnetischen Kräften ausgesetzt. Die Magnete regen die Durchblutung an, wirken direkt auf Zellen und Organe.

Fachleute: Heilpraktiker, Ärzte für Naturheilverfahren.

Preise: pro Behandlung (zirka 20 Minuten) ab 20 Mark.

Informationen: Gesellschaft zur Förderung der Ganzheitsmedizin, Zeißstraße 63, 30519 Hannover.

Mayr-Kur

Spezielle Fastenkur, entwickelt von dem Österreicher Mayr. Hilft bei allen Magen- und Darmleiden, bei Gicht, Rheuma, bei Übergewicht.

Behandlung: Entleerung des Darms mit Glaubersalz (altertümlich, besser und moderner ist Colonics, siehe Stichwort »Colonics«). Der Patient ißt täglich nur zwei alte Brötchen mit etwas Milch und trinkt viel Orangensaft beziehungsweise Kräutertee.

Fachleute: Kurkliniken.
Preise: je nach Kurort.
Informationen: Kurhaus Ihlingshof, 88179 Oberreute.

Musik-Therapie

Im Ursprung asiatisch. Grundgedanke: Töne sind Schwingungen (ähnlich wie Farben) und können daher den Energiekörper über die Chakren beeinflussen.

Behandlung: Der Therapeut arbeitet mit Klangschalen oder mit meditativer Musik, die direkt auf die Chakren einwirkt: Das C auf der Tonleiter beeinflußt das rote Wurzelchakra, das E das orangefarbene Milz-Chakra, das G das gelbe Sonnengeflecht, das H das grüne Herz-Chakra, das D das blaue Hals-Chakra, das F das indigofarbene Stirn-Chakra, das A das violette Scheitel-Chakra.

Fachleute: Musiktherapeuten.
Preise: Behandlung ab 50 Mark.
Informationen: Bücher, die es in der Buchhandlung gibt.

Ozon-Therapie

Entgiftungstherapie, aufbauend auf Ozon. Hilft bei Durchblutungsstörungen, Vitalitätsverlust, Stoffwechselerkrankungen.

Behandlung: Der Patient bekommt ein Ozon-Sauerstoff-Gemisch ins Blut oder in den Muskel gespritzt. Das Ozon regt den Enzymhaushalt an. Auch möglich mit Eigenblut, das mit Sauerstoff angereichert und dann mit ultraviolettem Licht bestrahlt wird. Dabei entsteht Ozon.

Fachleute: Ärzte für Naturheilverfahren, Heilpraktiker.
Preise: ab 100 Mark.
Informationen: Kurklinik Lütjensee, Großenseerstraße 18, 22952 Lütjensee.

Reiki

Japanische Heilmethode, die dem Körper neue Energien schenkt. Hilft bei allen körperlichen und seelischen Leiden.

Behandlung: Ein in die Reiki-Symbole eingewiesener Meister oder Schüler legt die Hand auf, läßt durch sich Energien aus dem Kosmos in den Körper des Patienten fließen.

Fachleute: Reiki-Meister oder Schüler des 2. Grades.

Preise: pro Behandlung zirka 20 Mark.

Informationen: Reiki-Bücher, zum Beispiel »Reiki – Heile Dich selbst« (Erd-Verlag).

Rolfing

Massagetherapie, entwickelt in Amerika. Hilft bei Haltungsfehlern körperlicher und psychischer Art.

Behandlung: harte Massagen am ganzen Körper mit Fingern, Ellenbogen, Handflächen. Manchmal schmerzhaft, da sehr intensiv.

Fachleute: Masseure.

Preise: pro Sitzung ab 140 Mark.

Informationen: Rolf-Institut, Herzogstraße 40, 80803 München.

Sauerstoff-Therapie

Erfunden von dem Physiker Manfred von Ardenne, weiterentwickelt und erheblich verbessert von Dr. Karl Heinz Caspers. Hilft bei allen Erschöpfungszuständen, vorzeitigem Alter, Herz- und Kreislaufproblemen, Durchblutungsstörungen, Stoffwechselerkrankungen.

Behandlung: Drei-Schritt-Therapie. 1. Der Patient trinkt Vitamine und Mineralien, die seine Sauerstoffaufnahme vergrößern. 2. Der Patient atmet über eine Maske im Ruhezustand Sauerstoff ein. 3. Der Patient treibt Sport (Laufband, Fahrrad, Rudergerät) und atmet auch dabei Sauerstoff ein.

Fachleute: Ärzte für Naturheilverfahren.

Preise: je nach Dauer der Kur.

Informationen: Kurklinik Lütjensee, Großenseerstraße 18, 22952 Lütjensee.

Shiatsu

Energetische Massage, entwickelt in Japan. Hilft bei fast allen Krankheiten unterstützend, vor allem bei Energieblockaden.

Behandlung: Durch gezielten Fingerdruck werden Energien freigesetzt.

Fachleute: Masseure, Heilpraktiker.

Preise: pro Sitzung ab 80 Mark.

Informationen: Europäisches Shiatsu-Institut, Freiligrathstraße 32, 80807 München.

Thymus-Therapie

Vitalisierungstherapie mit tierischen Extrakten. Hilft bei Alterserscheinungen, Immunschwäche, bei Stoffwechselproblemen.

Behandlung: Durch Spritzen mit Kälber-Thymusextrakt wird der körpereigene Mangel an Thymus ausgeglichen. Hintergrund: Die Thymusdrüse altert ab dem 35. Lebensjahr. Sie ist die »Ausbildungsstätte« der Abwehrzellen und daher gerade mit zunehmendem Alter immer wichtiger.

Fachleute: Ärzte für Naturheilverfahren.

Preise: abhängig vom gespritzten Präparat.

Informationen: Kurklinik Lütjensee, Großenseerstraße 18, 22952 Lütjensee.

Yoga

Gymnastik, die direkt auf den energetischen Körper wirkt. Hilft bei Schlafstörungen, Herz- und Kreislaufleiden, bei Übergewicht.

Behandlung: zahlreiche Übungen, die alle nur einen Zweck haben: Die Energie des Körpers soll wieder frei fließen.

Fachleute: Yoga-Schulen. Auch Volkshochschulen bieten regelmäßig Yoga-Kurse an.

Preise: Doppelstunden ab 25 Mark.

Informationen: In jeder Buchhandlung gibt es Yoga-Bücher und Yoga-Kassetten für den Videorecorder.

Zen

Philosophisches System, Meditation, dessen Ursprung im Buddhismus liegt. Hilft bei energetischen Störungen, bei Leiden, zu deren Überwindung Motivation und Durchsetzungswille gebraucht werden, zum Beispiel bei Übergewicht.

Behandlung: keine Behandlung, sondern geistige Vertiefung in den eigenen Körper und in Urweisheiten.

Fachleute: Zen-Meister.

Preise: Einführungskurse ab 150 Mark.

Informationen: In jeder guten Buchhandlung gibt es Bücher, zum Beispiel »Die große Befreiung – Einführung in den Zen-Buddhismus« (O. W. Barth Verlag).

Der Kalorien-Test

Dieses Buch macht Sie mit einer besonderen Diät bekannt, bei der die Kalorien eigentlich ganz und gar unwichtig sind. Doch es ist eine bei allen Ernährungswissenschaftlern bekannte Tatsache: Viele Menschen haben ihr Leben und ihre Eßgewohnheiten auf das Zählen von Kalorien bereits eingestellt. Sie fühlen sich verunsichert und werden fast nervös, wenn man ihnen nicht ganz exakt sagt, wie viele Kalorien sie bei einer Diät Tag für Tag essen dürfen. Die genaue Kalorienzahl läßt sich jedoch nur individuell ermitteln. Ein neuartiger Test hilft Ihnen dabei. Der Test berücksichtigt weitgehend alle Schlank-Faktoren: Dazu gehören zum Beispiel das jeweilige Übergewicht und die Zahl der Pfunde, die Sie abnehmen möchten. Dazu zählen auch, wie sehr Ihre Arbeit den Körper fordert. Der Test wurde eigentlich entwickelt, um Menschen nach einer Diät einen Leitfaden in die Hand zu geben. Er sagt Ihnen ziemlich genau, wie viele Kalorien Sie in Zukunft zu sich nehmen dürfen, um nicht wieder zuzunehmen. Der Test ist überhaupt nicht schwierig durchzuführen: Suchen Sie sich als erstes in der Rubrik der Pluspunkte diejenigen Angaben heraus, die auf Sie zutreffen. Es kann Ihnen passieren, daß Sie zu einigen Rubriken keine Angaben finden, die auf Sie zutreffen. Das ist kein Grund, sich zu wundern – es steckt Absicht dahinter. Notieren und addieren Sie Ihre Punkte. Lesen Sie sich dann die Tabelle der Minuspunkte durch und suchen sich bitte wieder die Angaben heraus, die genau auf Ihre Situation passen. Notieren und addieren Sie auch diese Werte. Ziehen Sie schließlich Ihre Minuspunkte von den Pluspunkten ab: Auf diese Weise erfahren Sie die Kalorienzahl, die für Sie exakt richtig ist. Was Ihnen das bringt? Eine ganze Menge: Entweder hilft Ihnen die Angabe, noch mehr überflüssiges Gewicht zu verlieren, oder Sie wissen nun, mit wie vielen Kalorien Sie täglich Ihr derzeitiges Gewicht oder das Gewicht nach einer erfolgreichen Diät halten können. Ändert sich Ihr Alter oder Ihr Gewicht, dann machen Sie den Test einfach erneut. Dann haben Sie immer wieder die aktuelle und für Sie richtige Kalorienzahl. Noch ein wertvoller Tip: Fotokopieren Sie doch diese Testseiten. Dann können Sie den Test häufiger nutzen oder auch an Ihre Familienangehörigen, Freunde und Kollegen weitergeben.

Ihre ganz persönliche Kalorientabelle

Beantworten sie die folgenden Fragen nur dann, wenn Sie weiblich sind:

Ich bin über 60 Jahre alt	800 Pluspunkte
Ich bin über 50 Jahre alt	950 Pluspunkte
Ich bin über 40 Jahre alt	980 Pluspunkte
Ich bin über 30 Jahre alt	1000 Pluspunkte
Ich bin über 20 Jahre alt	1050 Pluspunkte
Ich bin über 15 Jahre alt	1020 Pluspunkte
Ich bin schwanger	100 Pluspunkte
Ich stille ein Kind	100 Pluspunkte

Beantworten Sie die nun folgenden Fragen nur, wenn Sie männlich sind:

Ich bin über 60 Jahre alt	900 Pluspunkte
Ich bin über 50 Jahre alt	1050 Pluspunkte
Ich bin über 40 Jahre alt	1080 Pluspunkte
Ich bin über 30 Jahre alt	1100 Pluspunkte
Ich bin über 20 Jahre alt	1150 Pluspunkte
Ich bin über 15 Jahre alt	1120 Pluspunkte

Bei den Fragen, die als nächste kommen, ist es ganz gleich, ob Sie weiblich sind oder männlich. Sie gelten für beide Geschlechter. Beantworten sie alle Fragen ganz ehrlich:

Ich wiege etwa 80 Pfund	100 Pluspunkte
Ich wiege etwa 90 Pfund	80 Pluspunkte
Ich wiege etwa 100 Pfund	60 Pluspunkte
Ich wiege etwa 120 Pfund	20 Pluspunkte
Ich wiege etwa 130 Pfund	10 Pluspunkte
Ich bin ca. 1,80 m groß	100 Pluspunkte
Ich bin ca. 1,90 m groß	150 Pluspunkte

Ich bin ca. 2,00 m groß	200 Pluspunkte
Ich treibe täglich leichten Sport	40 Pluspunkte
Ich rauche	50 Pluspunkte
Ich arbeite körperlich leicht	50 Pluspunkte
Ich arbeite körperlich hart	150 Pluspunkte
Ich schlafe wenig, höchstens 6 Stunden	50 Pluspunkte
Ich will mein Gewicht halten	50 Pluspunkte
Ich bin kräftig gebaut	50 Pluspunkte

Zählen Sie nun das Ergebnis Ihrer Pluspunkte zusammen:
Ich habe .... Pluspunkte.

Jetzt geht es an die Minuspunkte: Beantworten Sie bitte wieder alle Fragen möglichst genau und ehrlich. Sie gelten für Frauen und für Männer.

Ich bin etwa 1,40 m groß	100 Minuspunkte
Ich bin etwa 1,50 m groß	60 Minuspunkte
Ich bin etwa 1,60 m groß	40 Minuspunkte
Ich bin etwa 1,70 m groß	20 Minuspunkte
Ich bin etwa 150 Pfund schwer	80 Minuspunkte
Ich bin etwa 160 Pfund schwer	100 Minuspunkte
Ich bin etwa 170 Pfund schwer	120 Minuspunkte
Ich bin etwa 180 Pfund schwer	150 Minuspunkte
Ich bin etwa 190 Pfund schwer	220 Minuspunkte
Ich bin etwa 200 Pfund schwer	270 Minuspunkte
Ich bin etwa 210 Pfund schwer	310 Minuspunkte
Ich bin etwa 220 Pfund schwer	370 Minuspunkte
Ich will 5 Pfund abnehmen	150 Minuspunkte
Ich will 10 Pfund abnehmen	200 Minuspunkte
Ich will 15 Pfund abnehmen	250 Minuspunkte
Ich will 20 Pfund abnehmen	350 Minuspunkte
Ich will 25 Pfund abnehmen	450 Minuspunkte
Ich will 30 Pfund abnehmen	600 Minuspunkte
Ich habe aufgehört zu rauchen	250 Minuspunkte

Zählen Sie nun alle Ihre Minuspunkte zusammen. Wie lautet Ihr Ergebnis?
Ich habe .... Minuspunkte.

Das Ergebnis Ihrer Pluspunkte abzüglich dem Ergebnis Ihrer Minuspunkte ergibt Ihre individuelle Kalorienzahl.

Solange Sie die Diät, die in diesem Buch vorgestellt wird, machen, brauchen Sie sich nicht um Kalorien zu kümmern. Jeder Diät-Tag ist so abgestimmt, daß Sie sanft, aber wirksam abnehmen. Die nachfolgenden Kalorienangaben sind daher eher bestimmt für die Tage und Wochen danach.

Kalorientabellen – die wichtigsten Werte auf einen Blick

Fleisch, Geflügel

100 g enthalten	Kalorien	100 g enthalten	Kalorien
Hammelfleisch (mager)	143	Hammelfleisch (fett)	335
Kalbfleisch (mager)	120	Kalbfleisch (fett)	179
Rindfleisch (sehr mager)	111	Rindfleisch (mager)	173
Rindfleisch (mittelfett)	210	Rindfleisch (fett)	293
Rindfleisch (sehr fett)	425	Schweinefleisch (mager)	143
Schweinefleisch (fett)	389	Schweinefl. (sehr fett)	475
Bries	119	Hackfleisch	210
Herz	117	Hirn	125
Kaninchenfleisch	132	Leber	135
Lunge	75	Niere	119
Zunge	167	Brathähnchen (½)	250
Huhn (Brathuhn)	107	Suppenhuhn	200
Ente	194	Gans	229
Gans (fett)	400	Puter	206
Wildgeflügel	81	Hase	99
Reh	93		

Fisch

100 g enthalten	Kalorien	100 g enthalten	Kalorien
Aal (geräuchert)	245	Aal (grün)	209
Bückling	146	Forelle	52
Hecht	49	Heilbutt	98
Hering (grün)	161	Heringsfilet	255
Hering (gebraten)	121	Hering (gesalzen)	100
Bismarckhering	203	Matjeshering	161
Karpfen	83	Kaviar	241
Ölsardinen (1 Stück)	20	Rotbarsch	6

Rotbarschfilet	112	Seelachs	57
Seelachs (geräuchert)	87	Seelachsfilet	88
Sprotten	153	Schellfisch	46
Schellfischfilet	80	Schleie	78
Thunfisch in Öl	304	Zander	95
Krabbenfleisch	84		

Fisch enthält viel Eiweiß – und das sättigt vorzüglich und ist somit ein idealer Schlankmacher. Er versorgt den Körper mit wichtigen Mineralstoffen und Spurenelementen. Mehr noch: Fisch enthält Jod, das sonst in unserer Nahrung kaum vorkommt.

Wurst und Aufschnitt

100 g enthalten	Kalorien	100 g enthalten	Kalorien
Blutwurst	463	Bratwurst	492
Corned beef	153	Fleischwurst	254
Frankfurter Würstchen	250	Gänseleberpastete	471
Grützwurst	212	Jagdwurst	302
Lachsschinken	140	Leberkäse	271
Leberwurst (mager)	268	Leberwurst (fett)	440
Mettwurst	523	Mortadella	170
Münchner Weißwurst	245	Roastbeef	233
Schinken (roh)	344	Schinken (gekocht)	274
Schwartenmagen	248	Speck (durchwachsen)	605
Speck (fett)	844	Cervelatwurst	454

Nüsse

100 g enthalten	Kalorien	100 g enthalten	Kalorien
Erdnüsse, geröstet	631	Haselnüsse ohne Schale	690
Walnüsse ohne Schale	705	Mandeln ohne Schale	651

Milch und Käse

1 Becher = 180 cm³ enthalten	Kalorien	1 Becher = 180 cm³ enthalten	Kalorien
1 Becher Vollmilch	109	1 Becher Vorzugsmilch	113
1 Becher Magermilch	63	1 Becher Buttermilch	65
1 TL Dosenmilch 7,5 %	7	1 TL Dosenmilch 10 %	9

1 EL Sahne ungezuckert	75
1 Magermilch-Joghurt	75
Frischkäse 60 % (62,5 g)	211
Hartkäse 45 % (100 g)	415
Hartkäse 20 % (100 g)	253
Harzer, Mainzer	192
Magerquark (250 g)	220
Sahnequark 40 % (250 g)	520
1 Becher Joghurt	111
Camembert 45 % (125 g)	379
Edamer Käse 40 % (100 g)	221
Hartkäse 30 % (100 g)	342
Schichtkäse 10 % (250 g)	115
Schmelzkäse 42 % (62,5 g)	191

Gemüse und Salate

	Kalorien
1 Blumenkohl, mittlere Größe (750 g)	128
Kopf Endiviensalat, etwa 250 g	33
Paprikaschote, mittelgroß	29
Gewürzgurke	10
1 EL Tomatenketchup	37
1 EL Weizenkeime	23
je 100 g:	
Bohnen	31
Möhren	28
Rotkraut	21
Sellerie	28
Weißkraut	19
Grüne Erbsen	37
Porree	22
Steckrüben	29
Spargel	15
Wirsing	24
1 mittelgroße Zwiebel	21

	Kalorien
Chicoreestange, groß	14
Kopfsalat, mittelgroß	22
Kohlrabi, mittelgroß (250 g)	45
Salatgurke mittelgroß (250 g)	35
1 EL Tomatenmark	14
1 Avocado (200 g)	480
Feldsalat	15
Rosenkohl	42
Rhabarber	16
Spinat	18
Sauerkraut	26
Grünkohl	23
Rote Beete	29
Schwarzwurzeln	41
Tomaten	18
Pilze	ca. 18

Fette und Öle

	Kalorien
1 TL Butter	40
1 TL Margarine	39
100 g Gänseschmalz	905
100 g Kokosfett	930
1 EL Öl (10 g)	93

	Kalorien
100 g Butter	755
100 g Margarine	733
100 g Schweineschmalz	945
50 g Mayonnaise	370

Suppen und Soßen

1 Tasse = 180 cm³	Kalorien	1 Tasse = 180 cm³	Kalorien
1 Tasse Bratensoße	102	1 Tasse Fleischbrühe	22
1 EL gekörnte Brühe	35	¼ l klare Suppe	65
¼ l gebundene Suppe mit Einlage	80	¼ l gebundene Suppe mit Hülsenfrüchten	90

Bei allen Suppen und Soßen handelt es sich um Fertigprodukte. »Echte« Trennköstler, streng nach Dr. Hay, lehnen solche Produkte ab. Den Kalorienwert hausgemachter Suppen und Soßen errechnen Sie bitte selbst nach dieser Kalorientabelle und Ihren Zutaten.

Kartoffeln

	Kalorien		Kalorien
3 kleine geschälte Kart.	85	Pommes frites, je Stück	20
Portion Kart.-Salat	350	1 Knödel	100
100 g Knödelmehl	337	Kart.-Chip je Stück	10

Mehl, Brot und Teigwaren

	Kalorien		Kalorien
100 g Weizenmehl	370	100 g Roggenmehl	370
100 g Weizengrieß	370	100 g Graupen (roh)	370
100 g Reis (roh)	370	100 g Cornflakes	388
100 g Nudeln (roh)	390	100 g Haferflocken	402
100 g Kartoffelstärke	360	100 g Maisstärke	364
1 Beutel Vanillepudding-Pulver (etwa 43 g)	158	1 EL Paniermehl	35
1 Brötchen (40 g)	111	1 Scheibe Knäckebrot	38
1 Scheibe Vollkornbrot	105	1 Scheibe Mischbrot	88
1 Scheibe Weißbrot	111	1 Scheibe Toastbrot	84
1 Zwieback	40	1 Scheibe Pumpernickel	97
		1 Portion Pizza (220 g)	445

Zucker und Süßwaren

	Kalorien		Kalorien
1 Stück Würfelzucker	20	1 El Zucker	80
1 EL Marmelade	49	250 g Honig	763

1 TL Honig	30	1 Stück Cremetorte	500
1 St. Frankf. Kranz	420	1 Stück Obstkuchen	177
1 Portion Eis	300	100 g Biskuitkekse	441
100 g Russisch Brot	388	100 g Bonbons	390
100 g Schokolade	563	100 g Pralinen	450
100 g Marzipan	495	100 g Kakaopulver	472

Eier

	Kalorien		Kalorien
1 Hühnerei	84	1 Eiweiß	16
1 Eigelb	68		

Hülsenfrüchte

	Kalorien		Kalorien
100 g Linsen	354	100 g gelbe Erbsen	359
100 g weiße Bohnen	349		

Obst

	Kalorien		Kalorien
1 Apfel, mittelgroß	67	1 Birne, mittelgroß	77
1 Pfirsich, mittelgroß	55	1 Orange, mittelgroß	63
1 Banane, mittelgroß	92	Grapefruit	7
1 Kiwi, mittelgroß	40	Ananas, 1 Scheibe	32
1 Papaya	80		
je 100 g: Aprikosen	50	Erdbeeren	37
Feigen	269	Heidelbeeren	60
Himbeeren	40	Johannisbeeren, rot	37
Johannisbeeren, schwarz	46	Kirschen, süß	57
Mandarinen	44	Melone	30
Pflaumen	50	Preiselbeeren	43
Rosinen	271	Stachelbeeren	43
Weintrauben	70		

Getränke

(180 cm^3)	Kalorien	(180 cm^3)	Kalorien
Apfelsinensaft	85	Apfelsaft	43
Apfelwein (Most)	63	Pampelmuse (Dose)	83

Johannisbeersaft, rot	100
Karottensaft	53
Traubensaft	133
1 Flasche Cola (klein)	90
1 Glas Bier, 0,2 l	90
1 Flasche Mineralwasser	0
¼ l Rotwein	86
Sekt, 5 cl (Sektglas)	62
1 klarer Schnaps, 2 cl	37
1 Wermut	140
1 Portwein (Süßweinglas)	55
1 Whisky, 4 cl	96

Johannisbeersaft schwarz	104
Tomatensaft	44
Zitronensaft	43
Bier, 0,5 l	225
0,2 l Malzbier	112
Kaffee/Tee schwarz	0
¼ l Weißwein	76
1 Glas Weinbrand	44
1 Cocktail, süß	175
1 Sherry	55
1 Eierlikör, 2 cl	34

Nur ein Viertelstündchen – Schlankheit und Sport

Sie wollen abnehmen – Glückwunsch! Sie haben sich zu der Diät entschlossen, die ich Ihnen in diesem Buch vorstelle. Bravo! Eingangs habe ich Ihnen schon zu erklären versucht, daß Schlanke mehr Kalorien verbrauchen, als sie sich zuführen. Wie sie das schaffen? Ganz einfach: Schlanke bewegen sich viel, die meisten treiben sogar irgendeine Sportart. »Mir gefällt Sport nicht«, werden Sie vielleicht jetzt entgegnen. Keine Angst, Sie müssen sich nicht zum durchtrainierten Zeitgenossen entwickeln, der nichts anderes mehr im Kopf hat, als dauernd Rekorde zu brechen. Was aber bestimmt nicht schadet, ist ein bißchen Gymnastik. Wichtig ist, sie regelmäßig zu betreiben. Es nützt weniger, wenn Sie sich einmal in der Woche eine ganze Stunde lang verausgaben (obwohl das besser ist als gar nichts), als wenn Sie jeden Tag eine Viertelstunde turnen. Das strafft die Haut, die durch das Abnehmen vielleicht etwas schlapp geworden ist. Und Bewegung regt die Verdauung an. Machen Sie sich zur Angewohnheit, grundsätzlich keine Rolltreppe und keinen Lift mehr zu benutzen, sondern immer die Treppen hinaufzusteigen. Schlank werden und schlank bleiben funktioniert eben am besten und am gesündesten, wenn Sie sich während und nach der Diät vernünftig ernähren und – so gut Sie es können – bewegen. Nun wird sich jemand, der mit Molligkeit und Übergewicht zu kämpfen hat, nicht gerade zum Spitzensportler entwickeln. Ist auch gar nicht nötig, führen Sie sich lieber auf dem sanften Weg zur Fitneß. Günstig sind grundsätzlich alle Ausdauersportarten. Dazu gehören Jogging, Schwimmen, Radfahren und Wandern.

Jogging (Dauerlauf)

Jogging können Sie ohne Aufwand und nahezu überall betreiben. Lassen Sie sich ruhig bei jedem Wetter den Wind um die Nase wehen, das erhöht Ihre Abwehrkräfte. Was Sie zum Laufen brauchen, ist eine bequeme, elastische Gymnastik- oder Trainingshose, ein weites T-Shirt oder Sweatshirt (im Winter einen Pullover oder eine Faserpelzjacke) und Schuhe. Beim Kauf der Schuhe sollten Sie allerdings nicht auf die Mark schauen. Lassen Sie sich von einem wirklich qualifizierten Verkäufer beraten. Die Schuhe müssen die Stöße beim Laufen abfangen – keinesfalls dürfen Ihre Hüft-, Knie- und Fußgelenke diese Aufgabe übernehmen, sonst machen Sie sich Ihre Knochen kaputt. Wer erwiesenermaßen schon Gelenkschäden hat, sollte lieber eine andere Sportart wählen. Kaufen Sie die Schuhe nicht zu eng, Ihre Füße schwellen beim Laufen etwas an. Beginnen Sie mit dem Training langsam, alle zwei Tage eine Viertelstunde bis zwanzig Minuten genügen für den Anfang vollkommen. Sie müssen keinerlei Rekorde brechen. Joggen Sie in einem solchen Tempo, daß Sie ganz bequem dabei noch reden können. Und schauen Sie nicht auf den Boden, sondern geradeaus. Genießen Sie während des Laufens die Natur. Das setzt natürlich voraus, daß Sie im Grünen laufen – zumindest in einem Park oder an einem Flußufer entlang, wenn nicht gar sowieso jenseits der Stadtgrenze in der freien Natur. Glauben Sie mir: Wer in der Nähe der Stadtautobahn joggt, der tut kaum etwas für seine Gesundheit. Wichtig beim Joggen wie bei jedem anderen Sport: regelmäßig ein bißchen, keine Gewalttour am Wochenende.

Radfahren

Die Fortbewegung auf dem Drahtesel gilt als nahezu ideale Sportart. Jeder kann sie ausführen, ob 18 oder 80 Jahre jung. Sie brauchen sich kein teures Rennrad oder Mountainbike zuzulegen. Ein ganz normales Feld-Wald-und-Wiesen-Rad ist für Ihre Zwecke eher viel besser geeignet.

Fahren Sie täglich zwanzig Minuten, abseits stark befahrener Straßen. Ihr Tempo darf ruhig ein bißchen flotter sein – nehmen Sie bitte trotzdem Rücksicht auf Fußgänger, besonders auf Kinder und Hunde. Machen Sie mit Ihrer Familie oder Ihren Freunden doch einfach öfter mal einen Radausflug am Wochenende. Dabei können Sie es gemütlicher angehen lassen. Achten Sie bei der Kleidung nur darauf, daß die Hosenbeine eng anliegen, damit sich nichts in der Kette verheddert. Ansonsten können Sie auf dem Fahrrad anziehen, wonach Ihnen der Sinn steht. Beim Radfahren haben Sie den Vorteil, daß Sie Anstrengung und Entspannung selbst bestimmen können. Der Körper wird gut durchblutet und nimmt jede Menge Sauerstoff auf. Schlank bleiben auf dem Rad: Radfahren verbraucht eine Menge Kalorien. Und es strafft die Haut. Das Unterhaut-Fettgewebe am Po und an den Oberschenkeln schwindet. Radfahren ist nebenbei ein ausgezeichnetes Mittel gegen Cellulite.

Schwimmen

Ausrüstung: Badeanzug beziehungsweise Badehose und – in öffentlichen Bädern – eine Schwimmkappe. Mehr brauchen Sie nicht, um diese optimale Form des Ausdauersports auszuüben. Schwimmen verbraucht viele Kalorien, beansprucht Körpermuskeln nicht einseitig, sondern fordert alle Muskeln. Und Sie merken überhaupt nicht, wenn Sie ins Schwitzen geraten. Schwimmen kurbelt den Stoffwechsel enorm an, fördert ihn wie nur wenige andere Sportarten. Das ist leicht erklärt: Das Wasser ist deutlich kühler als die Körpertemperatur, und deshalb muß der Körper den Stoffwechsel erhöhen, um den Verlust der Körperwärme auszugleichen. Durch den erhöhten Stoffwechsel baut der Körper Fettreserven ab.

Herz und Lunge aktiv

Ausdauersport aktiviert Herz, Lunge und die Blutgefäße. Das Herz transportiert mehr Blut, die Arterien erweitern sich, die Muskulatur wird viel besser durchblutet. Ausdauersportler nehmen, selbst schon bei ganz leichtem Training, mehr Sauerstoff auf und kurbeln damit ganz kräftig den Stoffwechsel ihres Körpers an.

Schlank bleiben – 10 Profi-Tips

Schlank werden ist die eine Sache. Mit der Diät in diesem Buch dürfte das keine Schwierigkeit sein. *Schlank bleiben* ist die andere Sache: Viele Menschen futtern sich nach kurzer Zeit die lästigen Pfunde wieder an, die sie vorher so tapfer abgenommen haben. Wer dauerhaft schlank bleiben will, der ernährt sich nicht nur vernünftig und bewegt sich mehr als vor der Diät, sondern der stellt überhaupt seine Lebens- und Eßgewohnheiten etwas um. Wie Sie schlank bleiben? Im Prinzip einfach – wenn Sie die folgenden Tips von Ernährungsexperten und Diät-Profis beherzigen:

Tip 1 Nehmen Sie, über den Tag verteilt, lieber fünf kleinere Mahlzeiten zu sich als drei große. So bekommt Ihr Magen Arbeit, und Sie haben so eher das Gefühl, genügend und ausreichend zu essen zu bekommen.

Tip 2 Nehmen Sie sich Zeit für Ihre Mahlzeiten. Machen Sie sich bewußt, daß Sie jetzt essen und nichts, aber auch gar nichts anderes »nebenbei« tun. Konzentrieren Sie sich auf diesen Vorgang. Schauen Sie sich die Speisen genau an, warten Sie exakt eine Minute, bis Sie mit dem Verzehr beginnen. Kauen Sie jeden Bissen gründlich. Das kommt nicht nur Ihrer Verdauung zugute. Langsam und bedächtig zu essen hat noch einen anderen Vorteil: Der Blutzuckerspiegel erhöht sich erst nach ungefähr 20 Minuten. Und erst dann bekommt das Appetitzentrum im Gehirn die Meldung, daß Sie satt sind. Was Sie auf gar keinen Fall tun sollten, während Sie essen: fernsehen, Zeitung lesen, telefonieren.

Tip 3 Geben Sie sich bewußt dem Akt des Essens hin. Wer sich ablenkt, stopft mehr in sich hinein als notwendig.

Tip 4 Schalten Sie den Fernseher erst nach dem Abendessen ein. Die Vorabendwerbung wendet sich insbesondere an hungrige Zuschauer, um sie zum Kauf von allerlei Leckereien zu verlocken. Die tollen, dampfenden Gerichte der Werbesendungen, in Großaufnahme und Farbe ausgestrahlt, machen Ihnen mehr Appetit, als Sie tatsächlich verspüren.

Tip 5 Wenn es irgend möglich ist: Gehen Sie jeden Tag zum Einkaufen und holen sie nur das, was Sie heute essen möchten. Je mehr Vorräte Sie im Kühlschrank hamstern, um so größer wird die Verlockung, mehr zu essen, als Sie geplant hatten. Der »leere Kühlschrank« macht Ihnen Probleme? Überlegen Sie, warum? Sie könnten nachts aufwachen, Appetit haben und nichts finden? Gut so! Nur so, indem Sie Freßattacken nicht nachgeben (können), bleiben Sie schlank. Oder befürchten Sie, daß Sie überraschenden Besuch nicht bewirten können? Zählen Sie ganz, ganz ehrlich die Male, wo Ihnen eine Horde ausgehungerter Gäste ins Haus geschneit ist . . . Na? Sehen Sie, Ihr Argument ist nur vorgeschoben. Verzichten Sie auf den prallgefüllten Kühlschrank als Statussymbol. Es wird vermutlich sowieso niemand hineinschauen und Sie für die reiche Auswahl bewundern.

Wenn Sie täglich einkaufen gehen, hat das noch einen Vorteil: Sie ernähren sich immer mit frischer Ware. Beim Lagern von Obst und Gemüse gehen wertvolle Vitamine verloren. Wie wichtig sie für eine ausgewogene und gesunde Ernährung sind, habe ich Ihnen ja schon im Kapitel »Warum die Trenn-Diät Vitamine enthält« gesagt.

Tip 6 Essen wegwerfen – ein ganz heikles Thema. Aber wohin mit den Resten? Streichen Sie den Satz »Iß doch das bißchen noch auf« aus Ihrem Repertoire. Sagen Sie diesen Satz nicht zu anderen und erst recht nicht zu sich selbst. Und wenn es sich nur um ein einziges kleines, winziges Kartöffelchen handelt, das übrigzubleiben droht: Lassen Sie es übrig! Nötigen Sie niemanden und sich nicht, es doch noch schnell aufzuessen. Wenn immer und immer wieder viele Reste übrigbleiben, dann ist das auch ein Zeichen dafür, daß Sie einfach viel zuviel kochen. Wie wär's mit kleineren Portionen, die für eine Mahlzeit ausreichen?

Tip 7 Denken Sie nicht unablässig ans Essen. Das ist zugegebenermaßen oftmals viel leichter gesagt als getan. Ablenkung und Beschäftigung helfen, ruhig auch etwas Streß. Denn was in anderen Lebensbereichen gilt, kommt besonders in bezug auf das Essen zutage: Müßiggang ist aller Laster Anfang. Wer sich langweilt, kommt schon mal schneller auf die Idee, etwas zu schnabulieren, als jemand, der zu tun hat. Sorgen Sie also dafür, daß Sie immer gut beschäftigt sind. Suchen Sie Ihr Heil in der (Haus-)Arbeit oder bei einem (neuen) Hobby. Raffen Sie sich abends doch mal auf, und gehen Sie ins Kino oder ins Theater. Bei akutem Heißhunger hilft ein schönes, entspannendes Schaumbad. Bis Sie dem entstiegen sind, ist der Anfall vorbei. Verwöhnen Sie sich selbst. Womit, bleibt Ihrer Phantasie überlassen.

Tip 8 Essen Sie zu festgesetzten Zeiten. Menschen ohne Gewichtsprobleme können unterscheiden zwischen reinem Appetit und echtem Hunger. Das fällt Ihnen vermutlich schwer. Inzwischen hat man herausgefunden, daß ein gesunder Organismus etwa alle fünf Stunden Hunger verspürt. Gleichen Sie Ihre Essenszeiten diesem natürlichen Rhythmus an.

Tip 9 Gönnen Sie Ihrem Körper Bewegung. Sie müssen sich dabei keineswegs zum Sportfan entwickeln. Untersuchungen von Sportärzten haben erwiesen, daß sich die Verletzungsgefahr erhöht, wenn man sich aus Vernunftgründen für eine Sportart entscheidet, die man aber eigentlich nicht mag und sie trotzdem aus einem gewissen inneren Zwang betreibt.

Tip 10 Vorsicht mit Appetitzüglern! Nehmen Sie solche Mittel bitte nur unter Aufsicht eines Arztes. Appetitzügler können zwar den Einstieg in eine Diät erleichtern und sozusagen den Startschuß für eine erfolgreiche Gewichtsreduktion geben. Aber: Chemische Appetitzügler wirken direkt auf das Gehirn ein, die Medikamente enthalten Wirkstoffe, die Sie abhängig und sogar echt süchtig machen können. Unterstützen Sie sich während Ihrer Diät und später, wenn überhaupt, lieber mit einem wirkungsvollen Mittel ohne schädliche Nebenwirkungen.

100 Fragen und Antworten zum Thema schlank

In den vergangenen Jahren habe ich für Zeitschriften und Zeitungen viele Diäten entwickelt. Dabei fiel mir eines auf: Sobald die Diäten erschienen waren, bombardierten mich die Leser mit Fragen. Menschen, die ihre überflüssigen Kilos bekämpfen, haben augenscheinlich ein unendlich großes Informationsbedürfnis. Auf den nächsten Seiten finden Sie die interessantesten 100 Fragen zusammengestellt und beantwortet, die in den vergangenen Jahren häufig an mich herangetragen wurden:

Hilft es, um den Organismus zu reinigen, wenn ich einmal pro Woche faste?

Antwort: Der biblische Fastentag hilft Ihrem Körper natürlich bei der Reinigung. Aber wenn Sie glauben, daß Sie die täglichen Sünden mit einem einzigen Fastentag ausgleichen können, dann liegen Sie falsch. Wirklich wirkungsvoll ist ein Fastentag nur, wenn Sie auch sonst vernünftig essen.

Oft wird gesagt, daß Zitrusfrüchte, vor allem Grapefruits, in Kombination mit anderen Nahrungsmitteln echte Schlankmacher sind. Stimmt das?

Antwort: Nein. Zitrusfrüchte, auch Grapefruits, haben viel Vitamin C und stärken daher den Körper gegen Entzündungen. Doch als Schlankmacher in Kombination mit zum Beispiel Brot oder Nudeln sind sie untauglich. Der Schlankmythos der Zitrusfrüchte basiert auf dem Irrtum, daß Säuren bei der Verdauung helfen.

Ist Sport tatsächlich ein Appetitzügler?

Antwort: Ja und nein. Beim Sport, egal ob Sie Tennis spielen oder eine lange Bergwanderung machen, werden bestimmte körpereigene Aufputschmittel (zum Beispiel

Adrenalin) frei, die den gesamten Organismus und vor allem den Stoffwechsel anregen. Dadurch verbrennt der Körper mehr Energie, signalisiert aber leider gleichzeitig über die Sinne Appetit, um die Energie wieder aufzufüllen. Es entsteht aber ein besonderes Gefühl von Zufriedenheit, das den Hunger vergessen macht. Rat: Essen Sie nach dem Sport nichts, aber trinken Sie viel, zum Beispiel Mineralwasser. So geben Sie dem Magen Arbeit, nehmen aber wenig Kalorien auf.

Warum nehme ich immer im Gesicht ab, aber nicht an den Oberschenkeln?

Antwort: Sie täuschen sich. Wenn Sie schlanker werden, dann nehmen Sie überall ab. Jedoch fällt schon ein geringer Gewichtsverlust im Gesicht stärker auf als zum Beispiel an den Oberschenkeln. Allerdings: Es gibt beim Abnehmen Problemzonen, die genetisch bedingt sind, und daher selbst bei langfristigen Diäten beziehungsweise bei konsequenter Nahrungsumstellung nicht schmelzen. Diese Problemzonen haben vor allem Frauen, zum Beispiel am Bauch, an den Hüften, am Po und an den Schenkeln.

Bei vielen Diäten wird empfohlen, das Brot zu toasten. Spare ich dadurch Kalorien?

Antwort: Nein. Bei Diäten wird gern Toast empfohlen, weil er oft verträglicher als frisches Brot ist und eher das Hungergefühl nimmt. Leicht getoastetes Brot kann vom Körper besser aufgespalten werden.

Wieso wird es mit zunehmendem Lebensalter eigentlich immer schwieriger abzunehmen?

Antwort: Je älter man wird, desto langsamer wird der gesamte Organismus. Die Zellteilung, die Immunabwehr und auch der Stoffwechsel verlangsamen sich. Diäten schlagen an, aber nicht mehr so rasch. Der Organismus braucht manchmal Wochen anstatt wie früher Tage, um sich auf eine andere Ernährung umzustellen.

Warum bin ich bei einer Diät oft so gereizt?

Antwort: Wenn Sie bei einer Diät ständig gereizt sind, sollten Sie darüber nachdenken, ob Sie die richtige Diät machen. Nur unausgewogene und daher nicht vernünftige Diäten haben diese Begleiterscheinung. Sie entsteht, weil Ihr Blutzuckerspiegel aufgrund von Mangelernährung absinkt. Wichtig: Eine gute Diät führt dem Körper weniger Kalorien zu, verursacht aber keine Mängel, sondern versorgt den Körper weiterhin mit allen wichtigen Vitaminen, Mineralien, Enzymen (wie zum Beispiel FIGURAFIT).

Können Nahrungsmittel Migräne verursachen?

Antwort: Ja, das kann sehr gut sein. Hintergrund ist fast immer eine sogenannte versteckte Nahrungsmittelallergie. Das bedeutet: Der Körper reagiert nicht mit Hautrötungen auf das bestimmte Nahrungsmittel, sondern mit Migräne oder starkem Kopfschmerz. In der Migräneforschung gibt es viele Erkenntnisse, daß Schokolade bei einigen Menschen Migräne auslöst. Bekannt ist die Migränewirkung aber auch von Konservierungsmitteln und von Rotwein.

Warum habe ich immer gerade auf die Sachen Appetit, die dick machen?

Antwort: Vermutlich haben Sie statt auf Möhren oder Hüttenkäse Appetit auf Schokolade oder eine Currywurst. Das ist unangenehm, aber erklärlich: Süße und kalorienreiche Nahrungsmittel reizen die Geschmacksnerven, machen sie unempfindlicher. Bei einer Möhre sagt Ihr Magen »danke«, aber Ihr Geschmackssystem sagt »igittigitt«. Kleiner Trost: Wenn Sie sich auch nur 14 Tage bei stark reizenden, scharf gewürzten Nahrungsmitteln zurückhalten, gewöhnen sich Ihre Geschmacksnerven um und finden auch eine Möhre köstlich.

Welche Rolle spielt die Tageszeit, zu der ich etwas esse?

Antwort: Eine riesige, vielleicht sogar die entscheidende. Die Verdauungskraft des Menschen ist morgens und abends gering. Daher in der Frühe und am Abend möglichst leicht essen, zum Beispiel Obst, Suppen etc. Mittags ist die Verdauungskraft groß – Sie dürfen größere Portionen essen.

Oft wird empfohlen, viele kleine Mahlzeiten zu essen. Warum ist das sinnvoll?

Antwort: Weitgehend aus psychologischen Gründen. Zehn kleine Mahlzeiten, über den Tag verteilt, geben Ihnen und Ihrem Magen das Gefühl, daß es ständig etwas zu essen gibt, und es entsteht seltener eine Diätpanik, sprich ein unwiderstehlicher Heißhunger. Langfristig ist es jedoch ratsam, wenn Sie sich an drei Mahlzeiten pro Tag gewöhnen.

Die einen empfehlen Margarine, die anderen Butter. Was hat mehr Kalorien?

Antwort: Ein Brotaufstrich, etwa 28 Gramm, mit Butter hat zirka 226 Kalorien. Einer aus Margarine exakt dieselbe Kalorienzahl.

Was ist eigentlich kalorienreicher? Alkohol? Kohlenhydrate? Oder Proteine?

Antwort: Alkohol hat eindeutig mehr Kalorien als Kohlenhydrate oder Proteine. Je Gramm Alkohol zählt man acht Kalorien, je Gramm Kohlenhydrate und Protein je vier Kalorien. Noch mehr Kalorien als Alkohol hat allerdings Fett: je Gramm neun Kalorien.

Was kann ich tun, damit ich nicht ständig ans Essen denke?

Antwort: Beschäftigen Sie sich, egal ob nun daheim oder am Arbeitsplatz. Wer abnehmen will, braucht auch etwas Streß – zum Beispiel durch Mehrarbeit, durch ein neues Hobby, durch eine neue Bekanntschaft.

Oft empfehlen Ärzte während der Diät Zusatzpräparate. Ist es wirklich notwendig, daß ich Vitamine und Mineralien aus der Apotheke nehme?

Antwort: Ja, aber nicht nur während der Diät, sondern möglichst auch sonst. Es wird zwar immer wieder behauptet, daß in der normalen Nahrung ausreichend Vitamine und Mineralien vorhanden seien. Aber: Etwa jeder zweite westliche Mensch leidet trotz Wohlstandsernährung an Mangelzuständen. Wir leben weitgehend von Treibhauskost, die auf Nährlösungen statt in Erde gezogen wird. Und unsere Böden sind ausgelaugt. Wir brauchen erheblich mehr Vitamine, Mineralien und Spurenelemente, um uns vor Krankheiten zu schützen.

Oft habe ich gar keinen Hunger, nasche aber trotzdem. Woran liegt das?

Antwort: Zuallererst an Ihnen. Sie sind nicht diszipliniert genug. Ein Schicksal, das Sie mit Millionen teilen. Aber die Naschsucht hat oft auch Ursachen, die im Gefühlsbereich liegen. Sie belohnen sich mit Schokolade, weil Sie vermutlich sonst zuwenig belohnt werden (siehe Kapitel »Der Venus-Faktor«).

Proteine sollen gesund sein. Was hat mehr Proteine? Fleisch, Fisch oder Soja?

Antwort: Die meisten Proteine hat Soja, das oft auch als Tofu in den Naturkost- oder Bio-Läden angeboten wird. Protein ist Eiweiß, also ein essentielles Nahrungsmittel.

Wie viele Kalorien spare ich, wenn ich vollfette, halbfette und fettlose Milch nehme?

Antwort: Eine ganze Menge. ½ l Vollmich hat zirka 385 Kalorien, ½ l halbfette Milch 275 und ½ l fettlose Milch nur 195 Kalorien.

Warum soll man vom Hähnchen die Haut nicht essen?

Antwort: Um die Kalorien zu reduzieren. 30 g Hähnchen mit Haut haben 60 Kalorien. 30 g Hähnchen ohne Haut nur 30.

Ist fettes Fleisch eigentlich genauso eine Kalorienbombe wie Hähnchenhaut?

Antwort: Jedes tierische Fett, egal ob vom Hähnchen, Rind oder Schwein, ist extrem kalorienreich und belastet zudem Ihren Cholesterinspiegel. Meiden Sie fettes Fleisch.

Das viele Mineralwasser, das bei Diäten empfohlen wird, schwemmt mich auf. Was kann ich dagegen tun?

Antwort: Weitertrinken. Denn wenn Ihr Körper aufschwemmt, ist das ein sicheres Zeichen dafür, daß Ihr Stoffwechsel nicht in Ordnung ist und Ihre Nieren nicht richtig arbeiten. Das Gegenmittel ist Flüssigkeit. Nach einigen Tagen verschwinden die Wasseransammlungen.

Ich mag kein ungesalzenes Essen. Ich weiß aber, daß Salz schadet. Was kann ich tun?

Antwort: Zuviel Salz schadet, weil es den Blutdruck steigen läßt und damit Herz sowie Gefäße belastet. Bluthochdruckpatienten sollten Salz in jeder Form meiden. Um den Geschmack bei einer Diät zu verstärken, empfehlen sich frische Kräuter wie Petersilie, Schnittlauch, Pfeffer, Oregano usw.

Ist künstlicher Zucker gut bei einer Diät?

Antwort: Die Experten streiten. Einerseits hat der künstliche Zucker kaum Kalorien und scheint daher als Diätprodukt geeignet. Andererseits gibt es Stimmen, die sagen, daß der künstliche Zucker den Wasserhaushalt beziehungsweise den Stoffwechsel negativ beeinflussen kann. Als bestes Süßmittel hat sich Honig herausgestellt. Er hat zwar Kalorien, ist aber wegen seiner sonstigen positiven Eigenschaften (zum Beispiel entzündungshemmend) zu empfehlen.

Muß ich mir bei einer Diät eigentlich Sorgen machen, wenn ich ganz schnell viel Gewicht verliere?

Antwort: Es gibt Diäten, bei denen Sie in der ersten Woche bis zu drei oder vier Kilo abnehmen. Das sind sogenannte Crash-Diäten, die weitgehend auf Entwässerung des Körpers aufbauen. Die Entwässerung in der Startphase einer Diät ist nicht unvernünftig. Wird sie jedoch zum Beispiel durch bestimmte Medikamente (sogenannte Diuretika) absichtlich länger fortgeführt, besteht Gefahr. Die Leber nimmt Schaden. Außerdem wird wertvolles Muskelgewebe angegriffen. Wer viel abnehmen will oder muß, sollte daher keine Crash-Diäten machen, sondern seine Ernährung langfristig umstellen.

Werde ich schon schlank, wenn ich das Frühstück weglasse?

Antwort: Das Frühstück beendet das Fasten der Nacht, ist für den Organismus wichtig. Daher ist es nicht ratsam, das Frühstück auf Dauer wegzulassen. Besser ist es, das Frühstück vernünftig zusammenzustellen: Statt Wurst und Eier Früchte, statt Kaffee entschlackungsfördernde Kräutertees.

Die meisten Diäten bieten morgens Orangensaft an. Was kann man trinken, wenn man Orangensaft nicht mag?

Antwort: Trinken Sie Mineralwasser, Kaffee oder Tee. Aber: Essen Sie dazu zwei bis drei Löffel schwarze Johannisbeeren (Tiefkühlkost). Die Empfehlung des Orangensaftes bei einer Diät basiert darauf, daß der Körper gerade in besonders anstrengenden Zeiten (Diät ist anstrengend) besonders viel Vitamin C benötigt. Mögen Sie keine Orangen, nehmen Sie das Vitamin C eben über Johannisbeeren auf. Denn: Schwarze Johannisbeeren sind die Früchte mit dem meisten Vitamin C.

Sind Brot und Kartoffeln eigentlich Dickmacher?

Antwort: Nein. Das hat man lange vermutet, weil beide Nahrungsmittel relativ stark stopfen. Heute weiß man: Brot, vor allem Vollkornbrot, hat viele Ballaststoffe, die der Körper braucht und wieder ausscheidet. Kartoffeln sind für Diäten geradezu ideal. Sie haben fast alle wichtigen Vitamine und zusätzlich wertvolle Mineralien.

Ich esse viel auswärts. Wie soll ich denn da eine Diät durchhalten?

Antwort: Das ist eine Frage der Disziplin und des Selbstbewußtseins. Wer zwingt Sie, beim Fünfgängemenü alles zu essen? Niemand!

Ich habe manchmal bei der Diät Hungerschmerzen. Bedeutet das, daß ich besonders viel und schnell abnehme?

Antwort: Nein. Hungerschmerzen sind absolut kein Zeichen für besonders schnelles Abnehmen. Sie sind nur ein Zeichen, daß in Ihrem Magen überschüssige Säuren toben und die Magenwände anknabbern. Eine Diät, die Hungerschmerzen verursacht, sollten Sie meiden.

Wann ist die beste Zeit, um sich bei einer Diät zu wiegen?

Antwort: Die beste Zeit ist eindeutig morgens, gleich nach dem Aufstehen, da der Körper dann noch weitgehend unbelastet von Nahrung ist und am ehesten sein tatsächliches Gewicht preisgibt. Aber wer eine Diät macht, sollte sich gar nicht so oft wiegen. Das verwirrt nur und nimmt die Motivation. Auch bei sehr guten und vernünftigen Diäten ist es nämlich möglich, daß das Gewicht stark schwankt. Es kann sogar sein, daß man trotz großer Disziplin am dritten Diättag mehr wiegt als am ersten. Das muß nicht unbedingt mit der Diät zusammenhängen, sondern kann zum Beispiel bei Frauen durch hormonelle Zyklusschwankungen ausgelöst werden. Das sinnvollste bei einer Diät ist, wenn Sie sich einmal pro Woche wiegen. Dann sind die Gewichtsunterschiede zur Vorwoche meist groß und motivierend.

Ab wann ist Übergewicht eine Gefahr für das Herz?

Antwort: Viele Ärzte sehen bei einem Übergewicht ab zehn Kilo über Normalgewicht (Körpergröße minus 100 in Kilo) eine Gefahr für das Herz. Doch nicht allein das Gewicht entscheidet, wann das Herz in Not gerät. Es gibt andere Faktoren: Streß, Cholesterin etc. In der Regel ist davon auszugehen, daß ein stark übergewichtiger Mensch viel fette Nahrung ißt. Das bedeutet: Er nimmt viel Cholesterin auf und schädigt so sein Herz. Das Cholesterin verstopft die Gefäße, vor allem die sogenannten Herzkranzgefäße.

Ich möchte mit dem Rauchen aufhören und gleichzeitig eine Diät beginnen. Ist das überhaupt sinnvoll?

Antwort: Natürlich ist das sinnvoll, aber in der Regel kaum durchzuhalten. Denn wenn Sie bislang sowohl beim Essen wie beim Nikotin undiszipliniert waren, müssen Sie sich ernsthaft fragen, ob Sie nun von einem Tag auf den anderen ausreichend Disziplin haben, um zweifach zu widerstehen. Sinnvoller ist es sicherlich, wenn Sie sich Etappenziele setzen. Und bedenken Sie auch: Raucher haben einen um zehn Prozent erhöhten Stoffwechsel. Wenn Sie die Zigaretten weglassen, werden Sie also selbst dann dicker, wenn Sie ganz normal weiteressen. Dieses Phänomen legt sich erst nach einigen Monaten.

Wie viele Kalorien muß ich beim Essen einsparen, um ein Pfund abzunehmen?

Antwort: Wenn Sie eine Frau sind, müssen Sie auf etwa

2000 Kalorien verzichten. Als Mann auf etwa 2800. Faustregel: Wer Tag für Tag statt der üblichen 2000 bis 3000 Kalorien mit einer Diät nur noch 1000 bis 1500 Kalorien aufnimmt, verliert Wocbe für Woche etwa zwei bis drei Pfund.

Viele Diäten empfehlen Tiefkühlkost, warnen allerdings vor konservierten Nahrungsmitteln. Warum?

Antwort: Konservierte Nahrungsmittel, wie zum Beispiel Dosen, werden stark gekocht. Sie haben oft keine wichtigen Enzyme mehr und sind daher gerade bei einer Diät problematisch. Tiefkühlkost wird empfohlen, um zu jeder Jahreszeit auf schlank machende Speisen zurückgreifen zu können. Der Verlust an Enzymen, Vitaminen und Mineralstoffen ist beim Schock-Frier-Verfahren gering.

Sollte man bei einer Diät immer dann essen, wenn man Hunger hat? Oder besser zu festgesetzten Zeiten?

Antwort: Wenn Sie zwischen Hunger und Appetit unterscheiden können, dann sollten Sie nach dem Hungerprinzip essen. Man weiß: Etwa alle fünf Stunden hat der Organismus Hunger. Wenn Sie jedoch den Appetit auf Torte oder Schweinebraten für Hunger halten und ständig essen könnten, dann müssen Sie sich disziplinieren und zu festen Zeiten essen.

Warum können Männer eigentlich, ohne dick zu werden, mehr essen als Frauen?

Antwort: Weil der Körper des Mannes anders gebaut ist als der der Frau. Der Mann hat mehr Muskeln. Und der Stoffwechsel braucht nun einmal zur Herstellung von Muskelmasse mehr Kalorien als zur Bildung von Fett.

Ich habe Übergewicht, und mein Freund meint, das würde mich sinnlich machen. Sind Dicke wirklich sinnlicher?

Antwort: Das ist Geschmackssache. Tatsache ist aber,

daß runde Formen im allgemeinen als sinnlicher gelten als eckige. Es gibt in vielen Kulturen Hinweise auf diese Sinnlichkeit (siehe auch Kapitel »Der Venus-Faktor«).

Wenn Frauen eine Diät machen, dann reden sie ganz offen darüber. Von Männern hört man seltener etwas in Sachen Diät. Machen Männer weniger Diäten?

Antwort: Tatsächlich machen Männer seltener Diäten als Frauen. Dicke Männer werden eher akzeptiert als dicke Frauen. Und Männer leben weit seltener als Frauen nach Schönheitsidealen.

Kann jeder sein Traumgewicht erreichen?

Antwort: Es klingt frustrierend, aber die ehrliche Antwort heißt »nein«. Denn so mancher, der dick ist, leidet bereits an so massiven Stoffwechselstörungen, daß er selbst mit größter Disziplin und der besten Diät nicht immer auf sein Traumgewicht kommt. Man sollte sich aber fragen, was denn das Traumgewicht ist. Es wäre völlig verfehlt, wenn jede Frau das Gewicht eines Fotomodells und jeder Mann das Aussehen eines Dressman anstreben würde. Der Trend geht heute zum sogenannten »Wohlfühlgewicht«, das unabhängig ist von Gewichtstabellen.

Was ist eigentlich schwieriger – Gewicht zu verlieren oder das Gewicht zu halten?

Antwort: Gewicht zu verlieren ist eindeutig leichter als Gewicht zu halten. Denn jeder von uns kann sich mal 10 oder 14 Tage bei einer Diät disziplinieren. Gewicht halten bedeutet aber ständige Disziplin.

Muß ich bei einer Diät auf all meine Leibspeisen verzichten?

Antwort: Eine vernünftige Diät ist so aufgebaut, daß Sie Ihre geheimen Wünsche berücksichtigt. Ein paar Sünden sind mit einkalkuliert: Das heißt: Ab und an dürfen Sie sich

Ihre Leibspeise in Maßen gönnen und nehmen trotzdem noch ab. Sie sollten übrigens bei jeder Schlankheitsdiät, die Sie zu hundertprozentigem Verzicht ermahnt, skeptisch werden.

Wenn ich stark abnehme, wird meine Haut schlaff. Was kann ich dagegen tun?

Antwort: Die Haut ist ein äußerst flexibles Organ, stellt sich bis zu einem gewissen Alter (etwa 65) noch auf sehr starke Schwankungen ein. Bei einer Diät müssen Sie allerdings Ihrer Haut helfen. Sie straffen sie am gesündesten und vernünftigsten durch gymnastische Übungen.

Auch beim Abnehmen entstehen manchmal sogenannte Schwangerschaftsstreifen. Gibt es dagegen ein Mittel?

Antwort: Es gibt sogar zwei sehr wirksame Mittel. 1. Langsam abnehmen, damit die Haut nicht überfordert wird und sich selber straffen beziehungsweise dem neuen Gewicht anpassen kann. 2. Sport beziehungsweise Gymnastik (siehe Frage zuvor).

Ich hasse jede Art von sportlicher Betätigung. Ist Sport bei einer Diät denn tatsächlich so wichtig?

Antwort: Um diese Frage beantworten zu können, muß man sich erst einmal einige Dinge klarmachen. Das größte Problem des dicken Menschen ist meist nicht, daß er zuviel ißt. Vielmehr bewegt er sich zuwenig. Und das hat konkrete Auswirkungen vor allem auf seinen Darm. Die Darmperistaltik, also die entscheidende Verdauungsbewegung, schläft bei den meisten Menschen durch Bewegungsmangel mehr und mehr ein. Millionen nehmen darum Abführmittel, werden abhängig von Medikamenten. Ein Teufelskreis, der aber relativ leicht zu durchbrechen ist. Das beste, natürlichste Mittel, um die Aktivität des Darmes anzukurbeln, ist Bewegung. Es reicht oft schon, wenn man statt des Lifts die Treppen benutzt.

Ich habe schon mindestens 30 Diäten begonnen, werde aber immer wieder schwach. Gibt es ein Mittel, damit ich eine Diät durchhalte?

Antwort: Ja. Führen Sie vor einer Diät einmal 14 Tage lang ein Tagebuch über Ihre Eßgewohnheiten. Wann haben Sie Hunger? Welche Speisen machen Ihnen Appetit? Bei welchen Sorgen trösten Sie sich mit Nahrung? Gibt es Streßsituationen, die Sie mit Essen ausgleichen? Nach 14 Tagen wissen Sie ziemlich exakt, wann Sie schwach werden. Und Sie können die Diät, die Sie in diesem Buch finden, so auf Ihre persönlichen Bedürfnisse umgestalten, daß Sie durchhalten.

Aus beruflichen Gründen muß ich abends oft mit Kunden in die Kneipe gehen. Dadurch gerät meine Diät ständig durcheinander. Was kann ich tun?

Antwort: Wenn Sie in eine Kneipe gehen, bringt vermutlich der Alkohol Ihre Diät durcheinander. Ein Problem. Aber kein Diät-, sondern ein Disziplinproblem. Es gibt heute so viele Gründe, um auf Alkohol zu verzichten. Selbst unter Männern wird das Kalorienproblem schon anerkannt, und das Mineralwasser ist absolut salonfähig. Wollen Sie dennoch beim Alkohol nicht zurückstecken: Trinken Sie einen trockenen Weißwein statt Bier – Sie sparen Kalorien.

Ich esse immer in der Kantine und halte darum keine Diät durch. Gibt es einen Trick für mich?

Antwort: Ja, es gibt ein paar Tricks. Der erste: Meiden Sie die Kantine, bereiten Sie sich morgens nach den Diätrezepten die leichteren Mahlzeiten des Abends vor, und nehmen Sie das Essen mit in den Betrieb. Oder: Machen Sie sich Lunchpakete, die Sie statt des Mittagessens der Diät essen. Dabei gilt: Möglichst viel Salat und Gemüse, möglichst wenig Wurst, Käse und Butter. Der leichteste Rat: Sie essen das Kantinenmenü, halten sich aber wenigstens morgens und abends an die Diätrezepte.

Was, wenn mein Mann mich schlank gar nicht mag?

Antwort: Das ist das Problem Ihres Mannes. Es sollte Sie gar nicht kümmern, denn nur Sie allein wissen, wie Sie sich am wohlsten fühlen. Hintergrund der männlichen Angst vor einer schlanken, attraktiven Frau ist häufig Eifersucht. Nehmen Sie Ihrem Mann diese Ängste, sprechen Sie mit ihm ganz offen darüber, daß Sie nicht für andere Männer, sondern für sich selber schlank werden wollen.

Wie halte ich eine Diät im Urlaub durch?

Antwort: Meistens gar nicht. Daher sollten Sie die Diät im Urlaub unterbrechen, jedoch vernünftig essen. Vor allem in wärmeren Gegenden ist das Abnehmen leicht, weil der Körper aufgrund der Hitze weniger Hunger hat. Wenn Sie statt dreimal am Tag Spaghetti oder Paella zweimal Obst und Salat essen, dürften Sie in den Ferien nicht zugenommen haben und können problemlos wieder in die Diät einsteigen.

Wenn ich Diät mache, gebe ich mehr Geld für Essen aus, obwohl ich doch weniger esse. Woran liegt das nur?

Antwort: Gute Diäten sind aus einem einzigen Grund kostspieliger: Sie müssen die meisten Nahrungsmittel frisch kaufen. Frisches Obst und Gemüse ist aber meist teurer als Konservenware aus dem Supermarkt. Zusätzlich zu vielen Diäten gibt es auch noch Schlankmacher, die Geld kosten. Doch bedenken Sie: Wenn Sie abnehmen, investieren Sie nicht nur in Ihr Aussehen, sondern auch in Ihre Gesundheit.

Bei Diäten habe ich oft Verdauungsprobleme. Was sind die Ursachen?

Antwort: Bei der Diät, die in diesem Buch vorgestellt wird, haben Sie keine Probleme, weil Sie viele natürliche Verdauungsanreger essen.

Kann auch eine Schwangere Diät machen?

Antwort: Sie kann, aber sie sollte nach Möglichkeit nicht. Gewichtszunahme während der Schwangerschaft ist notwendig. In jedem Fall sollte eine Schwangere vor einer Diät ihren Arzt konsultieren und das Problem exakt durchsprechen.

Wenn ich abnehme, bekomme ich im Gesicht häßliche Falten. Ist das normal?

Antwort: Das ist nur normal, wenn Sie rasch und stark abnehmen. Dann kann sich Ihre Gesichtshaut der neuen Spannungssituation nicht anpassen und wirft Falten. Sie umgehen dieses Problem mit einer sanften Diät. Und mit einer täglichen Gesichtsgymnastik (»Grimassenschneiden«).

Ich habe mein Traumgewicht erreicht, sollte ich weiter auf Diät bleiben?

Antwort: Ja, vielleicht noch ein bis zwei Wochen. Aber in diesen Wochen sollten Sie sich nicht mehr hundertprozentig an alle Diätvorschläge halten. Bauen Sie andere Gerichte, die auch Ihre Familie ißt, mit in die Diät ein.

Was ist der beste Sport, um abzunehmen?

Antwort: Schwimmen, Wandern, Radfahren, also alle Ausdauersportarten sind vernünftig.

Was kann ich gegen meinen Speckbauch tun?

Antwort: Zweierlei: 1. Weniger essen, 2. Gymnastik (Klappmesserübung).

Bekommt man Cellulite eigentlich nur, wenn man dick ist?

Antwort: Nein. Cellulite (oder Orangenhaut) ist zwar ein Problem der Fettzellen. Doch nicht das Gewicht, sondern der Stoffwechsel entscheidet. Cellulite entsteht, wo Fettzellen nicht mehr richtig durchblutet werden.

Kann man eigentlich durch Gymnastik auch den Busen vergrößern?

Antwort: Realistisch nicht, optisch schon. Ein schlaffer Busen, der durch Gymnastik wieder straffer wird, wirkt größer. Die Übung: Besenstiel mit beiden Händen nehmen und über den Kopf auf den Rücken legen. Plötzlich ist Ihr Brustkorb angespannt. Atmen Sie jetzt 50mal tief ein und aus. Dabei hebt und senkt sich Ihr Busen. Das Gewebe wird bewegt und gestrafft.

Was hat mehr Kalorien: Fett oder Zucker?

Antwort: Eindeutig Fett. 30 Gramm Fett haben 240 Kalorien, 30 g weißer Zucker 112 Kalorien.

Viele Diäten versprechen auch schöne Haare, kräftige Nägel. Was ist davon zu halten?

Antwort: Viel, vorausgesetzt, die Diät ist nahrungstechnisch gut zusammengestellt. Die Diät in diesem Buch versorgt den Organismus mit allen wichtigen Vitaminen und Mineralstoffen. Ein ganz natürlicher Nebeneffekt dieser Diät ist, daß sich Haare, Nägel und Haut erholen. Wollen Sie diesen Effekt steigern, empfiehlt sich ein Spezialpräparat (Take one, Apotheke).

Wird das Sexleben eigentlich besser, wenn man schlanker ist?

Antwort: In der Regel ja. Untersuchungen belegen: Schlanke Menschen machen seltener das Licht im Schlafzimmer aus, sind offener für Liebestechniken. Schlankere Menschen haben meist auch mehr Energie als dicke. Auch das ist bei der Liebe wichtig. Grundsätzlich gilt: Nur wer seinen eigenen Körper mag, kann sich an anderen Körpern unbelastet freuen.

Woran liegt es eigentlich, daß bei einer Diät der Spaß am Sex abnimmt?

Antwort: Das liegt nur an der Diät. Sie ist falsch zusammengesetzt. Eine vernünftige Diät mit ausreichend Protein (Eiweiß) wird Sie eher bei der Liebe beflügeln.

Welches Mineralwasser eignet sich für eine Diät?
Antwort: Eines mit geringem Natriumchlorid-Gehalt.

Ich gehe so gern zum Italiener. Was kann ich essen, um nicht allzusehr gegen meine Diät zu verstoßen?
Antwort: Spaghetti mit Tomatensoße ist das italienische Gericht mit den wenigsten Kalorien. Meiden Sie hingegen alle Sahnesoßen. Und wenn Sie ganz vernünftig sind, dann bestellen Sie einfach einen Salat.

Ich bin irre faul, mag mich nicht bewegen. Was kostet mehr Kalorien: das Stehen, Sitzen oder Liegen?
Antwort: Das Stehen kostet mehr Kalorien als Sitzen oder Liegen. Allerdings: Um 100 Kalorien zu verbrennen, müssen Sie schon wenigstens eineinhalb Stunden stehen.

Im Ausland gibt es oft Milch mit zusätzlichem Kalzium. Hat diese Milch mehr Kalorien?
Antwort: Nein. Kalzium dient dem Knochenaufbau, ist äußerst sinnvoll, macht aber nicht dick.

Die meisten Diäten empfehlen Vollkornbrot statt Weißbrot. Aber hat Vollkornbrot nicht mehr Kalorien?
Antwort: Ja, 30 Gramm Vollkornbrot haben 74 Kalorien, 30 Gramm Weißbrot 70 Kalorien. Aber beim Abnehmen sind nicht allein die Kalorien entscheidend. Für das Vollkornbrot sprechen trotz der leicht höheren Kalorienzahl zwei Dinge: Es macht eher satt als Weißbrot, und es hat mehr Mineralien und Ballaststoffe, ist also insgesamt verträglicher.

Stimmt es, daß Rauchen schlank macht?

Antwort: Nein. Rauchen ist kein Schlankheitsmittel. Aber wer raucht, hat tatsächlich einen um zehn Prozent erhöhten Stoffwechsel, kann also mehr essen als Nichtraucher und wird trotzdem nicht dick. Das klingt gut, ist aber problematisch: Der zehn Prozent höhere Stoffwechselverbrauch belegt nur, daß der Körper größere Anstrengungen unternehmen muß, um die Folgen von Nikotin und Teer auszugleichen. Nikotin ist ein Vitamin- und Mineralräuber. Jeder zweite Raucher hat Mangelzustände.

Ist Weichkäse weniger kalorienreich als Hartkäse?

Antwort: Das kann man so allgemein nicht beantworten. Entsheidend ist immer die Fettstufe des Käses. Aber meist ist Weichkäse tatsächlich nicht so fett wie Hartkäse. 30 Gramm Camembert haben zum Beispiel 88 Kalorien, 30 Gramm Cheddar-Käse 120 Kalorien.

Gibt es eigentlich Früchte, vor denen man sich bei einer Diät hüten muß?

Antwort: Ja, zum Beispiel die Avocado. Sie ist sehr gesund und sehr schmackhaft, hat aber leider Stück für Stück gut 400 Kalorien.

Wie groß ist eigentlich der Unterschied zwischen normalem und fettreduziertem Hüttenkäse?

Antwort: Normaler Hüttenkäse hat 27 Kalorien pro 30 Gramm, fettreduzierter 20 Kalorien pro 30 Gramm.

Wie sinnvoll sind sogenannte Light-Produkte?

Antwort: Sehr sinnvoll, wenn man nur die Kalorien sieht. Sie sparen mit Diätprodukten fast immer mehr als 50 Prozent der Kalorien. Anders sieht es aus, wenn man sich die Zusammensetzung der einzelnen Produkte einmal anschaut. Oft werden Farbstoffe, künstlicher Zucker oder Emulgatoren beigegeben. Stoffe, die man bei einer Diät nicht in größeren Mengen zu sich nehmen sollte.

Geht das, wenn ich als Zwischenmahlzeit Käse statt Obst esse?

Antwort: Grundsätzlich dürfen Sie alles, denn Sie müssen entscheiden, mit welchen Mitteln Sie eine Diät durchhalten. Käse ist jedoch wirklich sehr problematisch, weil er viel Fett und damit viele Kalorien enthält. Besser und bekömmlicher ist daher Joghurt.

Welche Nahrung sollte ich eigentlich essen, um ausreichend Vitamine zu bekommen?

Antwort: Die größte Gewähr haben Sie bei Fisch, Früchten und Gemüse. Nur eine Mischkost, die alles berücksichtigt, sorgt für ausreichend Vitamine. Dennoch empfiehlt es sich, zusätzlich ein Multivitaminpräparat zu nehmen.

Wie viele Kalorien darf ich am Tag zu mir nehmen, um mein neues Gewicht zu halten?

Antwort: Das ist individuell unterschiedlich. Am ehesten finden Sie die ungefähre Kalorienzahl heraus, wenn Sie den Kalorientest (siehe Kapitel »Der Kalorien-Test«) machen.

Warum nehme ich in der dritten Woche der Diät nicht mehr ab, obwohl ich mich exakt an alle Rezepte halte?

Antwort: Das kann verschiedene Ursachen haben. Bei Frauen gibt es meist einen direkten Zusammenhang mit dem Monatszyklus. Der Körper schwemmt hormonell auf. Machen Sie sich deswegen aber keine Sorgen. Schon in der Woche darauf verlassen Sie dieses Gewichtplateau wieder und nehmen dafür mehr ab als in den Wochen zuvor.

Gibt es eigentlich ein Alter, in dem man keine Diät mehr machen sollte?

Antwort: Nein. Auch wer 90 ist und massives Übergewicht hat, kann noch eine Diät machen. Allerdings sollte er unter keinen Umständen eine Crash-Diät machen.

Hilft eigentlich regelmäßiger Sex bei einer Diät?

Antwort: Wenn Sie Spaß am Sex haben, dann sollten Sie ihn, so oft Sie es mögen, machen. Sex ist das beste Vitalisierungsmittel, und Zufriedenheit macht Sie stärker bei jeder Diät. Müssen Sie sich hingegen zum Sex selber zwingen, sollten Sie es lassen. Wegen der Kalorien allein lohnt der Sex nicht. Sie verlieren bei einem Orgasmus zwar etwa 150 Kalorien, aber das erreichen Sie locker auch mit einer Fahrradtour von 30 Minuten.

Ich esse vernünftig, trinke kaum Alkohol und nehme doch Woche für Woche zu. Bin ich krank?

Antwort: In jedem Fall sollten Sie einmal mit Ihrem Arzt sprechen. Übergewicht ohne ersichtlichen Grund kann auch durch eine Fehlfunktion Ihrer Schilddrüse ausgelöst werden.

Ist es schlimm, wenn man bei seinem Gewicht lügt?

Antwort: Schlimm ist es nicht, aber unehrlich. Und es zeigt, daß Sie sich bei Ihrem Gewicht selbst etwas vormachen. Das ist sicher negativ, denn nur wer sich zu seinen Fehlern offen bekennt, kann sie ausgleichen.

Darf man eigentlich auch eine Diät machen, wenn man mit Hormonen behandelt wird?

Antwort: Ja, man darf. Denn die Ernährung beeinflußt den Hormonhaushalt nur bedingt. In jedem Falle ist es aber ratsam, wenn Sie vor der Diät mit Ihrem Arzt sprechen.

Wird mein Mann mich attraktiver finden, wenn ich schlanker bin?

Antwort: Diese Frage kann nur Ihr Mann beantworten. Sprechen Sie mit ihm. Grundsätzlich ist es nie sehr sinnvoll, wenn man von einer Diät zuviel erwartet. Mit einer Diät kann man abnehmen, aber keine kritische Ehe kitten. Machen Sie die Diät für sich und nicht für andere.

Kann man eigentlich zu schwer für die Badezimmerwaage sein?
Antwort: Natürlich. Die meisten Badezimmerwaagen registrieren ein Gewicht bis zu 125 Kilo beziehungsweise 250 Pfund. Allein in Deutschland gibt es aber etwa drei Millionen Menschen, die mehr wiegen.

Welche Dinge erfreuen ehemals Dicke am meisten?
Antwort: Es gibt darüber keine gesicherten Erkenntnisse, da jeder Leidensweg sehr unterschiedlich ist. Aber man nimmt an: Die größte Freude spüren ehemals Dicke, wenn sie ihre alten Kleider wegwerfen können. Freude Nr. 2: Endlich wieder im Badeanzug beziehungsweise Badehose an den Strand gehen zu können.

Läßt Strandsonne die Pfunde schmelzen?
Antwort: Falsch. Alles, was die Sonne macht, ist dies: Sie animiert den Körper, Vitamin D zu produzieren, macht braun und sorgt dafür, daß wir schwitzen und Wasser ausscheiden. Die Fettzellen bleiben dabei völlig unberührt.

Wenn ich bei der Diät diszipliniert bin und auch noch eine Mahlzeit auslasse, nehme ich schneller ab?
Antwort: Ja, aber schon nach kurzer Zeit werden Sie an Bärenhunger leiden, alle Diätrezepte beiseite legen und sich den Magen vollstopfen. Übereifer schadet.

Ich mag überhaupt kein Gemüse, wie kann ich da eine Diät machen?
Antwort: Eine sinnvolle Diät können Sie mit dieser Abneigung sicher nie machen. Aber fragen Sie doch auch einmal, ob Ihr Argument wirklich richtig ist. Es gibt sicher irgendein Gemüse, das auch Ihnen schmeckt.

Wird die Tendenz zum Übergewicht vererbt?
Antwort: Einige Wissenschaftler sagen ja, andere nein.

Man ist sich noch nicht ganz sicher. Aber man weiß heute: Dicke Eltern haben meist auch dicke Kinder, die das falsche und unvernünftige Eßverhalten ihrer Familie übernehmen.

Wie werde ich mich fühlen, wenn ich schlank bin?

Antwort: Besser, schöner, glücklicher. Aber wer so fragt, der hat starke Zweifel. Sie müssen sich vor der Diät einmal ernsthaft fragen, ob Sie überhaupt abnehmen wollen.

Macht das Idealgewicht einen Mann zeugungsfähiger und eine Frau fruchtbarer?

Antwort: Nein. Keine Diät macht die Spermien des Mannes beweglicher und die Eizellen der Frau zeugungsfähiger. Allerdings: Unfruchtbarkeit hat auch eine große psychische Komponente. Und da kann das Übergewicht eine Rolle spielen.

Wie lange kann man eine Diät einhalten?

Antwort: Das hängt ganz davon ab, wie groß das Übergewicht ist. Eine Crash- oder Null-Diät sollte man nach Möglichkeit gar nicht oder doch nur sehr kurzfristig machen. Eine vernünftige Diät, die eine langfristige Ernährungsumstellung zum Ziel hat, läßt sich über Monate durchhalten.

Riecht und schmeckt man besser, wenn man abnimmt?

Antwort: Viele ehemals Übergewichtige behaupten, daß sie als Schlanke besser riechen und schmecken können. Wissenschaftlich gibt es keinen Beweis.

Hat jemand mit Normalgewicht eigentlich mehr Energie als ein Dicker, und ist er auch schneller mit dem Kopf?

Antwort: Wenn Sie schlank sind, haben Sie mehr Energie. Ganz klar. Ihr Organismus ist nicht so sehr mit sich selbst beschäftigt, schenkt Ihnen größere Kraftreserven. Auf die Gehirnleistung wirkt sich das Übergewicht jedoch nicht aus.

Funktionieren eigentlich die Organe bei Schlanken besser als bei Dicken?

Antwort: Ja, natürlich. Jedes Gramm Übergewicht ist eine zusätzliche Belastung für die Organe. Herz, Leber, Nieren und Galle atmen bei einer Diät auf. Und nicht zu vergessen die Gelenke, die jetzt weniger belastet werden.

Lebt man eigentlich als Schlanker länger?

Antwort: Eindeutig ja. Man sagt, daß etwa 28 Pfund Übergewicht das Lebensalter etwa um zehn Jahre verkürzen.

Sind Frauen auf Diät für Männer langweilig?

Antwort: Meistens ja. Aber schuld ist nicht die Diät, sondern die Frau – sie redet plötzlich von nichts anderem als von Kalorien und Pfunden.

Führen lange Diäten nicht auch zur Magersucht?

Antwort: Vernünftige Diäten nicht. Sehr wohl aber Crash-Diäten, die lange eingehalten werden. Irgendwann hat der Körper einfach sein Gefühl für Hunger und Appetit eingebüßt. Magersüchtig wird eigentlich nur, wer zusätzlich auch noch große psychische Probleme hat. Bei Magersucht sollte in jedem Falle ein Arzt eingeschaltet werden.

Ist es möglich, daß man Kleidergröße 36 hat und dennoch übergewichtig ist?

Antwort: Wenn man extrem klein ist, kann man trotz der als ideal geltenden Kleidergröße schon Übergewicht haben. Aber das ist sehr, sehr selten der Fall. In der Regel haben Frauen mit Kleidergröße 36 oder 38 vielleicht ein paar Pfund zuviel, aber kein wirkliches Übergewicht.

Sind Schlanke eigentlich erfolgreicher als Dicke?

Antwort: Bei Männern spielt das Körpergewicht erstaunlicherweise keine so große Rolle auf der Karriereleiter wie bei Frauen. Es gibt immer noch dicke Manager. Jedoch: In den Vorstandsetagen der großen Unternehmen werden auch schon Diätrezepte weitergereicht. Ganz anders ist es bei Frauen. Eine sehr dicke Frau wird in der Regel in einem Unternehmen keine Karriere machen, weil bei Frauen das Äußerliche doch noch sehr stark gewertet wird.

Was sind eigentlich die Nahrungsmittel, die am ehesten dick und am ehesten schlank machen?

Antwort: Die stärksten Dickmacher heißen Schmalz und Butter. 30 Gramm Schmalz haben 253 Kalorien, 30 Gramm Butter 226. Die Nahrungsmittel mit den wenigsten Kalorien heißen Tomaten und Gurke. Beide Gartenfrüchte haben je 30 Gramm gerade einmal ganze 3 Kalorien.

Trennkost für die Tage nach der Diät

Mit der fertigen Trenn-Diät FIGURAFIT läßt sich am einfachsten und schnellsten abnehmen. Die Trenn-Diät aus der Apotheke wurde so konzipiert, daß man Sie auch dauerhaft, ja, sogar über Wochen ohne die Gefahr von Mangelzuständen machen kann. Doch dies ist sicher nur all denen zu empfehlen, die ein gewaltiges Übergewicht haben und daher sehr lange auf Diät leben müssen.

Alle anderen, die nur mal schnell ein paar Kilo abspekken wollen, sollten FIGURAFIT immer nur ein paar Tage einsetzen und danach auf normale Trennkost umsteigen, um das neue Gewicht nicht gleich wieder zu gefährden.

So mancher wird diesen Rat dankbar aufgreifen, sich jedoch fragen, was normale Trennkost ist, wie man sie zubereitet, was man beachten muß. Machen Sie sich nicht allzu viele Gedanken. Im letzten Teil dieses Buches finden Sie für den Start des Tages, für mittags und abends leckere Rezeptvorschläge, die auch im Alltag einfach umzusetzen sind. Wenn Sie in den nächsten Wochen nach diesen Rezepten leben, sind Sie auf der sicheren Seite. Jedoch müssen Sie ein paar Dinge beachten:

- Sie haben die volle und freie Entscheidung, wann Sie welche Mahlzeit essen. Sie können also ein Rezept für den Abend auch schon mittags nachkochen. Doch eines dürfen Sie nie tun: Mischen Sie die Mahlzeiten nicht miteinander. Also wählen Sie nie eine Suppe des Abends als Vorspeise für das Mittagsmenü. Tun Sie das, leben Sie nicht mehr nach dem Trennkostprinzip. Damit steigt die Gefahr, daß Sie schnell wieder dick werden und in alte Gewohnheiten zurückfallen.
- Versuchen Sie möglichst oft am Morgen nach den Rezepten dieses Buches zu leben. Es gibt, wie Sie im nachfolgenden Rezeptteil sehen werden, meist Obst. Mag sein, daß Ihnen diese Änderung schwerfällt und der Hunger auf Eier, Brötchen, Wurst und Käse größer und

größer wird. Halten Sie trotzdem durch. Die leichte, obstige Mahlzeit am Morgen ist der größte Garant dafür, daß Sie Ihre Gewichtsprobleme dauerhaft lösen.

- Sollten die angegebenen Mengen in den Rezepten ihren Hunger nicht stillen, erhöhen Sie trotzdem die Mengenangaben nicht. Besser ist es, wenn Sie als Zusatzkost die leckeren Shakes mit Vanille- und Erdbeergeschmack von FIGURAFIT nehmen. Dann verstoßen Sie ganz sicher nicht gegen das Trennkost-Prinzip, nehmen extrem wenig Kalorien auf und haben auch noch den Zusatzvorteil, daß der Körper ausreichend Enzyme, Vitamine und Mineralien bekommt. Viel Spaß mit den Trennkostrezepten und mit der Trennkost auf den folgenden Seiten, die von einer erfahrenen Ernährungsberaterin erstellt wurden.

Rezepte für den Start

Wenn Sie an der Trenn-Diät durch FIGURAFIT Gefallen gefunden haben und dieses Ernährungskonzept auch künftig für sich nutzen wollen, müssen Sie sich gar nicht soviel in Ihrem Leben umstellen, wie Sie denken.

Doch einen Grundsatz sollten Sie einhalten: Beginnen Sie den Tag leicht. Wie das geht? Sehr einfach. Auf den folgenden Seiten finden Sie Rezepte mit viel, viel Obst, die das Trennprinzip nach Dr. Hay einhalten und dennoch schmackhaft sind.

Wählen Sie zwischen den Rezepten frei nach Ihrem Geschmack. Die Menge in den Rezepten gilt für zwei Personen. Sind Sie Single, müssen Sie nur die Hälfte der Mengen nehmen.

Brombeercreme mit Zimt (2 Pers.)

Zutaten:
400 g Brombeeren
2 gefrorene Bananen
½ TL Zimt
1 EL Akazienhonig

Zubereitung:
200 g vorbereitete Brombeeren mit 1 EL Akazienhonig vermengen und in 2 hohe Gläser füllen. (2 schöne Früchte zur Garnitur beiseite stellen.) Die restlichen 200 g Brombeeren im Mixer glatt pürieren. Die Banane in Stücke schneiden, mit dem Zimt zu den Brombeeren geben und weiter im Mixer mischen, bis eine sahnige Creme entstanden ist. Diese in die Gläser füllen und mit den Brombeeren krönen. Sofort servieren.

Aprikosen-Bananen-Püree (2 Pers.)

Zutaten: 10 entsteinte Aprikosen (2 Aprikosenhälften zur Garnitur zurücklassen)
2 Bananen (½ Banane zur Garnitur zurücklassen)
½ ausgepreßte Zitrone
50 g gemahlene Mandeln
1 EL heller Honig

Zubereitung: Die vorbereiteten Aprikosen im Mixer zu einer cremigen Masse pürieren. Diese auf 2 Teller verteilen.
Banane, Zitrone, Mandeln und Honig ebenfalls zu einer cremigen Masse pürieren und auf die Aprikosencreme füllen.
Die zurückgelassenen Aprikosenhälften in Spalten und die Banane in Scheiben schneiden. Den Aprikosen-Bananen-Püree damit dekorativ belegen.

Feigen mit Himbeerpüree (2 Pers.)

Zutaten: 8 frische blaue Feigen
500 g frische Himbeeren
2 EL Lindenblütenhonig
einige Stengel Zitronenmelisse

Zubereitung: Die Haut der gewaschenen Feigen mit Hilfe eines Messers vorsichtig abziehen. Die abgezogenen Feigen fast bis zum Stielende viermal über Kreuz einschneiden. Jedes geschnittene Feigenstück so auseinanderziehen, daß es sich zu einer Blüte öffnen kann.

Die gewaschenen Himbeeren durch ein Nylonsieb passieren, mit dem Honig abschmecken.
Die Sauce auf 2 Teller gießen. Die Feigenblüten darauf arrangieren und mit Zitronenmelissenstielen und -blättern dekorieren.

Beerenüberraschung (2 Pers.)

Zutaten: 400 g gemischte Beeren (Erdbeeren, Himbeeren, Heidelbeeren, Brombeeren, Johannisbeeren, Stachelbeeren)
1 EL Zitronensaft
2 EL Ahornsirup
je etwas Fenchel- und Anissamen
je 1 Prise Muskat und Kümmel

Zubereitung: Die Beeren waschen und putzen.
Die Erdbeeren evtl. halbieren, dann alle Beeren dekorativ auf 2 Teller anordnen.
Zitronensaft und Ahornsirup mit den Gewürzen vermischen und über die Beeren träufeln.

Sauerkirschen mit Senfkörnern in Butter (2 Pers.)

Zutaten: 400 g Sauerkirschen – entsteint
1 EL Butter
2 EL Ahornsirup
1 TL Senfkörner

Zubereitung: Die Sauerkirschen in zerlassener Butter langsam erhitzen.
Ahornsirup und Senfkörner dazugeben.
Den Deckel auflegen und das Ganze 2 min schmoren lassen, bis die Senfkörner aufplatzen.
Warm oder kalt servieren.

Ananas mit schwarzem Pfeffer (2 Pers.)

Zutaten:
1 kleine Ananas
1 EL Butter
1 EL Lindenblütenhonig
1 TL frisch geschroteter schwarzer Pfeffer
100 ml frisch gepreßter Traubensaft
1 EL gehackte Pistazien

Zubereitung: Die Ananas schälen, vierteln, den Strunk entfernen, einige schöne Ananasblätter zurücklegen.
Das Fruchtfleisch in kleine Scheiben schneiden. Butter in einer Pfanne erhitzen, den Honig einrühren, den Pfeffer dazugeben und kurz mitschwitzen. Dann den Traubensaft angießen, die Ananasstücke dazugeben und kurz erwärmen. Sofort auf zwei Teller verteilen, die Pistazien über die Ananasspeise streuen und mit den Blättern garnieren. Noch warm zu Tisch bringen.

Apfel-Petersilien-Salat (2 Pers.)

Zutaten:
3 große Äpfel
Saft einer Zitrone
1 TL Lindenblütenhonig
1 EL frisch gehackte glatte Petersilie
Petersilienblätter als Garnitur

Zubereitung: Die gewaschenen Äpfel achteln, das Kerngehäuse herausschneiden und in feine Scheiben schneiden. Sofort Zitronensaft, Honig und Petersilie mischen und unter die Apfelscheiben mischen. Den Apfelsalat auf 2 Teller verteilen und mit Petersilienblättern garnieren.

Fruchtschnee (2 Pers.)

Zutaten:
1 Banane, in Stücke gefroren
½ Netzmelone, in Stücke gefroren
150 g Erdbeeren, gefroren
150 g Süßkirschen, entsteint gefroren
2 TL Akazienhonig
6 EL Orangensaft, frisch gepreßt

Zubereitung: Die gefrorenen Früchte in einen elektrischen Mixer geben. (Eventuell jede Portion extra zubereiten.)
Den Akazienhonig und Fruchtsaft hinzufügen. So lange mixen, bis eine cremige, kräftige rosa Masse entsteht.
Mit einem Löffel in Dessertschalen füllen und sofort servieren.

Gelbe Pflaumen mit Apfel-Granola (2 Pers.)

Zutaten:
8 gelbe Pflaumen
1 kleiner säuerlicher Apfel
1 EL Zitronensaft
2 TL Lindenblütenhonig
1 Messerspitze Zimt
1 Prise Kardamom
1 EL gehackte Walnüsse
16 Walnußhälften

Zubereitung: Die Pflaumen waschen, halbieren und entkernen. Den Apfel fein reiben, mit Zitronensaft beträufeln. Lindenblütenhonig, Zimt und Kardamom einrühren und abschmecken. Die Walnüsse ganz fein mit dem Schneidestab mahlen und zum Apfelgemisch geben. Zwei Teller mit etwas Zimt bestäuben.
Pro Person 8 Pflaumenhälften mit dem Apfel-Granola füllen und mit je einer Walnußhälfte belegen. Kranzförmig auf den Tellern anrichten.

Kürbissalat mit Vanille (2 Pers.)

Zutaten:
300 g Kürbisfleisch – in kleine Würfel geschnitten
1 TL Butter
1 Vanillestange
1 EL Ahornsirup
300 g Äpfel, in kleine Würfel geschnitten
1 EL Zitronensaft
2 EL eingeweichte Rosinen
1½ EL getrocknete Rosinen, in einer halben Tasse Wasser einweichen

Zubereitung: Das Kürbisfleisch in der Butter kurz andünsten. Die Vanillestange halbieren, das Mark herausschaben und zum Kürbisfleisch rühren.
¼ Tasse Rosineneinweichwasser und Ahornsirup angießen, 2 min dünsten.
In der Zwischenzeit die Apfelstücke mit Zitronensaft beträufeln. Den Kürbis von der Kochstelle nehmen. Äpfel mit Rosinen unterheben, auf 2 Portionsteller verteilen und gut gekühlt servieren.

Pfirsichgelee mit Kiwisauce (2 Pers.)

Zutaten:
250 ml frisch gepreßter Orangensaft
1 EL unbehandelte Orangenschale, in feine Streifen geschnitten
1 kleiner Pfirsich, in Stücke geschnitten
1 EL Lindenblütenhonig
3 Kiwis
1 TL Agar-Agar

Zubereitung: Den Orangensaft, Orangenschale und Agar-Agar mit dem Schneebesen gründlichst verrühren, zum Kochen bringen und so lange weiterrühren, bis sich das Agar-Agar aufgelöst hat. 10 min abkühlen lassen und dann die Pfirsichstücke und den Honig unterrühren.
Das Gelee in Portionsförmchen füllen und im Kühlschrank erkalten lassen.
Die Kiwis schälen, in kleine Stücke schneiden und mit dem Schneidstab pürieren.
Das Pfirsichgelee stürzen, die Kiwisauce zur Hälfte über das Gelee gießen.

Sommerliches Allerlei (2 Pers.)

Zutaten:
1 rosa Grapefruit
100 g blaue Trauben
1 kleine Ogen-Melone
1 kleine Birne
etwas Ingwer, frisch gerieben
2 EL Lindenblütenhonig

Zubereitung:
Die Melone mit einem scharfen Messer zackenförmig bis zur Mitte einschneiden, so daß man 2 Schalen erhält. Die Melonenkerne mit einem Löffel herausschaben. Einen EL Melonenkerne von den Häutchen waschen und auf einem Küchentuch trocknen. Das Melonenfleisch mit einem Kugelausstecher ganz aus der Melonenhälfte auslösen.
Eine Grapefruit über einer Schüssel filieren, so daß der abtropfende Saft eingefangen wird. Die Trauben halbieren und entkernen.
Die Birne vierteln, das Kerngehäuse herausschneiden und in dünne Scheiben schneiden. Alle Früchte zusammen mit dem Ingwer und Honig vermengen, etwas kühl stellen.
Die getrockneten Melonenkerne in einer Pfanne rösten.
Nun die Melonenkörbchen mit dem Allerlei füllen und mit den gerösteten Kernen bestreuen.

Tropische Götterspeise (2 Pers.)

Zutaten:
250 ml Granatapfelsaft
1 TL Agar-Agar
1 EL Lindenblütenhonig
150 g Erdbeeren, halbiert
2 Kiwi
½ kleine Ananas

Zubereitung:
In einem Topf den Granatapfelsaft mit Agar-Agar gut verrühren. Mit dem Schneebesen so lange weiterschlagen, bis die Speise kocht und das Agar-Agar vollständig aufgelöst ist.
10 min auskühlen lassen, erst jetzt mit Honig abschmecken.
Die Götterspeise in eine entsprechende große Form füllen und im Kühlschrank erstarren lassen. Die Erdbeeren halbieren, Kiwi schälen, in Scheiben schneiden und diese halbieren.
Die vorbereitete Ananas in Stücke teilen.
Die Früchte in einer Schüssel mit dem Honig mischen.
Die Götterspeise auf eine Dessertplatte stürzen und mit den Früchten dekorativ umlegen.

Granatapfelsalat (2 Pers.)

Zutaten:
150 g Himbeeren
150 g Heidelbeeren
2 Granatäpfel
100 ml frisch gepreßter Apfelsaft
100 g Mandeln

1 Banane
1 EL Akazienhonig
1 Prise frisch geriebene Muskatnuß

Zubereitung: Die Himbeeren und Heidelbeeren gleichmäßig auf 2 Dessertteller verteilen.
Mit einem Löffel das Fruchtfleisch aus den Granatäpfeln lösen und ebenfalls auf die Teller geben.
Für die Sauce die Mandeln im Apfelsaft pürieren. Die Bananen in Stücke dazugeben, ebenfalls den Honig und Muskat.
Die Zutaten so lange pürieren, bis eine cremige Sauce entstanden ist.
Diese über den Salat gießen.

Birnen-Holunder-Saft (2 Pers.)

Zutaten: 2 große Birnen
200 g Holunderbeeren
250 g Brombeeren
2 Scheiben aus der Mitte einer Zitrone schneiden, das übrige Fruchtfleisch auspressen
1–2 EL Ahornsirup

Zubereitung: Die Früchte waschen, die Birnen vierteln, das Kerngehäuse entfernen, dann in Stücke schneiden. Alles Obst in den Entsafter geben.
Den fertigen Saft nach Belieben mit Zitrone und Ahornsirup abschmecken.
Ein Zitronenrad als Garnitur auf den Glasrand stecken.

Pfirsich-Ananas-Saft (2 Pers.)

Zutaten: 2 Pfirsiche
1 Ananas
2 Mandarinen
2 große Zweige Pfefferminze

Zubereitung: Das Obst waschen, Pfirsiche vom Kern lösen, in Stücke schneiden.
Die Ananas schälen, in Scheiben und dann in Streifen schneiden.
Die Mandarinen schälen und vierteln.
Alles Obst entsaften.
Pfefferminzestengel als Garnitur ins Glas hängen.

Pflaumen-Apfel-Saft (2 Pers.)

Zutaten: 500 g Pflaumen
2 große Äpfel
1 Orange
1 Grapefruit

Zubereitung: Die Pflaumen halbieren und entkernen.
Äpfel vierteln, entkernen und in Stücke schneiden.
Die Orange und Grapefruit abschälen, so daß die weiße Haut unter der Schale entfernt ist. Ebenfalls in Stücke schneiden.
Das Obst durch den Entsafter geben und gut gekühlt servieren.

Roter Fruchtmix (2 Pers.)

Zutaten: 200 g Johannisbeeren, rot, 2 Rispen zurücklassen
250 g Johannisbeeren, weiß
250 g Erdbeeren
200 g Himbeeren

Zubereitung: Die Früchte waschen, Johannisbeeren mit einer Gabel entstielen.
Die Blüten der Erdbeeren herauspflücken.
Alle Früchte in den Entsafter geben.
Zur Garnitur eine Johannisbeerrispe an den Glasrand hängen.

Stachelbeersaft (2 Pers.)

Zutaten: 400 g reife gelbe Stachelbeeren
400 g Aprikosen
1 Messerspitze Ingwer

Zubereitung: Die Früchte waschen, die Aprikosen entsteinen. Das Obst entsaften, mit gemahlenem Ingwer abschmecken.

Geeister Melonen-Grapefruit-Drink (2 Pers.)

Zutaten: Das Fruchtfleisch einer Netzmelone, in Würfel geschnitten und gefroren
⅛ l frischer Grapefruitsaft
⅛ l frischer Orangensaft

Zubereitung: Die Melonenwürfel mit dem Grapefruit- und Orangensaft mixen, bis ein cremiger Drink entsteht, den man am besten mit dem Strohhalm trinkt.

Göttersaft (2 Pers.)

Zutaten: 400 g Weintrauben, kernlose (4 Weintrauben zurücklassen)
2 Birnen
300 g Süßkirschen (2 Kirschen zurücklassen)
Saft einer Zitrone

Zubereitung: Das Obst waschen, Weintrauben abpflücken, die Birnen vierteln, das Kerngehäuse entfernen und in Stücke schneiden.
Die Kirschen entsteinen. Die Weintrauben und Birnen entsaften, mit Zitronensaft verrühren und in 2 Gläser verteilen.
Die Kirschen ebenfalls entsaften und vorsichtig in den Trauben-Birnen-Saft gießen.
Die zurückgelassenen Früchte auf Barspießchen stecken und zum Umrühren ins Glas stellen.

Rezepte für mittags

So mancher Berufstätige hat Probleme mit einer Diät. In der Kantine läßt sich die Kost schlecht trennen. Darum zwei Ratschläge:

1. Verschieben Sie die Mittagsmahlzeit auf den Abend. Also kochen Sie sich daheim richtige Trennkost, essen Sie mittags nur einen Salat oder frische Früchte.

2. Entgehen Sie dem Kantinenessen, wenn Sie gerade eine Diät machen. Essen Sie an diesen Tagen die leckeren Shakes von FIGURAFIT, die auch am Arbeitsplatz ohne großen Aufwand zubereitet werden können.

Haben Sie die Probleme des Berufstätigen nicht, sollten Sie die üppigste Mahlzeit des Tages auf den Mittag legen. Gegen Mittag ist Ihre Verdauungskraft am größten. Nachfolgend finden Sie leckere Trennkost-Menüs. Alle Angaben in den Rezepten gelten für zwei Personen. Als Single müssen Sie daher die Mengen halbieren.

Tessiner Nudeln (2 Pers.)

Zutaten:
200–250 g Vollkornnudeln Ihrer Wahl
Meersalz
1 TL Olivenöl
2 EL Butter
1 Zwiebel, fein gehackt
250 ml Sahne
Tessiner Gewürz nach Geschmack
frisch gemahlener Pfeffer
1 kleine Zucchini, gerieben
1 Tomate, entkernt
und in kleine Würfel geschnitten

Zubereitung: Die Butter erhitzen, darin die Zwiebeln glasig dünsten.
Sahne zugießen und auf die Hälfte einkochen lassen.
In der Zwischenzeit die Nudeln in reichlich Salzwasser mit Olivenöl nach Packungsanweisung al dente kochen, in ein Sieb schütten, abtropfen lassen und mit 1 EL Butter mischen.
Die reduzierte Sahne mit Tessiner Gewürz und frisch gemahlenem Pfeffer kräftig abschmecken. Geriebene Zucchini und die Tomatenwürfel in der Sauce kurz erwärmen und über die Nudeln verteilen.

Beilage: Salat.

Kräuter-Knoblauch-Nudeln mit Buchweizen

Zutaten: 200–250 g Vollkorn-Bandnudeln
Meersalz
1 TL Olivenöl
1 große Knoblauchzehe
2 EL Buchweizen
1 EL Olivenöl
1 TL Butter
2 EL gehackte Petersilie
Meersalz, frisch gemahlener Pfeffer
Petersilienblättchen

Zubereitung: Die Nudeln in reichlich Salzwasser mit Olivenöl nach Packungsanweisung al dente kochen, in ein Sieb schütten und abtropfen lassen.
Die Knoblauchzehe fein zerhacken und

mit dem Buchweizen im erhitzten Fett leicht ausrösten, Petersilie dazugeben. Sofort die Nudeln in der Sauce wenden, bis sich die Zutaten gleichmäßig verbinden.
Mit Salz und gemahlenem Pfeffer abschmecken. Das Gericht mit Petersilienblättchen garniert sofort zu Tisch bringen.

Beilage: Salat.

Kurkumakartoffeln mit Sonnenblumenkernen (2 Pers.)

Zutaten:
1 große Zwiebel, gehackt
2 EL Olivenöl
400 g kleine Kartoffeln, gebürstet
3 Knoblauchzehen, ganz fein gehackt
4 Petersilienstengel
gut ⅛ l Gemüsebrühe
frisch gemahlener Pfeffer
½ TL Kurkuma
50 g Sonnenblumenkerne
1 EL gehackte Petersilie

Zubereitung: Die Zwiebeln in Öl 2 min anschwitzen, dann die Kartoffeln hinzufügen und weitere 5 min auf kleiner Flamme zugedeckt dünsten. Den Knoblauch und die Petersilienstengel unterrühren.
Gemüsebrühe angießen und kräftig mit Pfeffer und Kurkuma würzen.
Weitere 10 min dünsten.
Die Sonnenblumenkerne mit dem Schneidestab fein zermahlen, unter die

Kartoffeln mischen und zugedeckt noch etwa 10 min garen.
Die Petersilienstengel herausnehmen, nochmals abschmecken, mit gehackter Petersilie bestreut zu Tisch bringen.

Beilage: gedünstetes Gemüse, z. B. Erbsenschoten oder Salate.

Gemüsegeschnetzeltes mit Käsesauce (2 Pers.)

Zutaten:
125 g zarte Bohnen, in 2 cm lange Stücke gebrochen
125 g Möhren, in 2 cm lange Stifte geschnitten
125 g Kohlrabi, in 2 cm lange Stifte geschnitten
100 g roter Paprika, in 2 cm lange Stifte geschnitten
1 EL Olivenöl
100 ml Gemüsebrühe
1 gegarte Pellkartoffel, mittelgroß
Meersalz, frisch gemahlener Pfeffer, frisch gemahlene Muskatnuß
125 ml Sahne
2 EL Greyerzer, frisch gerieben
1 EL Butterflöckchen

Zubereitung: Das vorbereitete Gemüse im erhitzten Öl bei Mittelhitze 5 min unter öfterem Wenden schmoren. Die Gemüsebrühe angießen, Gewürze darüberstreuen und alles im geschlossenen Topf 15 min leise köcheln lassen, bis das Gemüse knackig gar ist.

Die Pellkartoffeln durch die Kartoffelpresse drücken.
Das Gemüse in eine flache Auflaufform füllen.
Den übriggebliebenen Gemüseschmorsaft mit der Sahne und dem geriebenen Käse zu den Kartoffeln rühren.
Mit Meersalz und Pfeffer abschmecken.
Die Sauce über das Gemüse verteilen.
Butterflöckchen aufsetzen und im vorgeheizten Ofen bei 200 Grad 15–20 min überbacken.

Pilzsteak mit Paprikasauce (2 Pers.)

Zutaten: Für das Pilzsteak
400 g Champignons, fein gehackt
1 große Zwiebel, fein gehackt
1 Knoblauchzehe, zerdrückt
1 EL Sonnenblumenöl
2 Eigelb
1–2 EL Vollkornbrösel
Meersalz, frisch gemahlener schwarzer Pfeffer
etwas rosenscharfer Paprika
1 Thymianblättchen
1 EL Sonnenblumenöl

Zubereitung: Die Champignons, Zwiebeln und Knoblauch im erhitzten Öl 10 min dünsten.
Die Flüssigkeit muß ganz verkocht sein.
Die Pilze abkühlen lassen.
Eigelbe und Vollkornbrösel untermischen, mit Salz, Pfeffer, Paprika und Thymian kräftig abschmecken.
Aus diesem Teig 4 kleine Pilzsteaks for-

men und im heißen Öl von beiden Seiten knusprig braun braten.

Zutaten: Für die Paprikasauce
je 1 kleine rote, grüne und gelbe Paprika in kleine Würfel geschnitten
1 TL Butter
100 ml Gemüsebrühe
50 ml Sahne
Meersalz
frisch gemahlener Pfeffer

Zubereitung: Die Paprikawürfel in der zerlassenen Butter andünsten. Die Gemüsebrühe angießen und im geschlossenen Topf 10 min weich dünsten. Sahne angießen, von der Kochstelle nehmen. Mit dem Schneidestab die Hälfte der Sauce im Topf pürieren, mit den ganzen Paprikawürfeln verrühren und mit den Gewürzen abschmecken.
Steak mit beliebigem Salat servieren.

Nudeln in Pilzsauce (2 Pers.)

Zutaten: 200–250 g beliebige Vollkornnudeln
4 vollreife Tomaten
1 Zwiebel, gehackt, und 1 Knoblauchzehe, gehackt
150 ml Gemüsebrühe
Gewürzsalz
frisch gemahlener Pfeffer
250 g frische Champignons, in Scheiben geschnitten
oder Austernpilze, in Streifen geschnitten

2 EL Olivenöl
6 frische Salbeiblätter, frisch gemahlener weißer Pfeffer

Zubereitung: Die Nudeln nach Packungsanweisung in reichlich Salzwasser bißfest garen, abtropfen lassen.
Die Stengelansätze der Tomaten herausschneiden, das Fruchtfleisch grob zerkleinern. Die gehackten Zwiebeln mit der Knoblauchzehe in Olivenöl glasig werden lassen. Tomaten hinzufügen, die Brühe angießen, Gewürze darüberstreuen und im geschlossenen Topf 10 min köcheln. Die Champignons nach und nach in Öl anbraten. Jeweils in einen großen Topf füllen, Pfeffer überstreuen und warm halten, bis alle Champignons gebraten sind.
Die Salbeiblättchen hacken, kurz durch das verbliebene Fett ziehen, zu den Pilzen geben.
Die Tomaten durch ein Sieb in den Topf passieren.
Die Sauce abschmecken. Die Nudeln untermischen und sofort servieren.

Beilage: verschiedene Salate.

Gedämpfte Kartoffeln mit Wirsinggemüse (2 Pers.)

Zutaten: 300 g kleine neue Kartoffeln, gebürstet, oder geschälte Kartoffeln
Meersalz, etwas Kümmel, frisch gemahlener schwarzer Pfeffer

1 TL Butter
1 kleinen Wirsingkohl, geputzt und gewaschen in mundgerechte Stücke geschnitten
2 EL Olivenöl
Gemüsewürze, frisch gemahlener Pfeffer, frisch geriebene Muskatnuß

Zubereitung: Die Kartoffeln mit ganz wenig Wasser, 1 Prise Salz und etwas Kümmel in einen gußeisernen Topf geben. 1 TL Butter zufügen. Bei schwacher Hitze etwa 30–35 min dämpfen.
In der Zwischenzeit den Wirsing im Olivenöl andünsten. Die Gewürze hinzufügen. Das Gemüse auf ganz kleiner Flamme in 20 min gar dünsten. Evtl. etwas Wasser angießen, so daß der Wirsing nicht ansetzen kann, abschmekken.
Die gegarten Kartoffeln mit frisch gemahlenem schwarzem Pfeffer bestreuen.
Das Wirsinggemüse dazu anrichten. Alles mit Olivenöl beträufeln und sofort zu Tisch bringen.

Überbackener Rosinenlauch (2 Pers.)

Zutaten: 12 kleine Lauchstangen
4 EL Vollkornbrösel
2 EL gehackte Petersilie
1 Knoblauchzehe, zerdrückt
frisch gemahlener schwarzer Pfeffer
1 EL gehackte Rosinen
1 EL gehackte Cashew-Kerne

3 EL Olivenöl
1 TL Butter

Zubereitung: Die Lauchstangen putzen. Mit einem scharfen Messer den grünen Teil der Lauchstange kreuzweise einschneiden. Gründlich waschen. Lauch ins kochende Salzwasser geben.
10–12 min leicht simmern lassen.
In der Zwischenzeit die Vollkornbrösel mit Petersilie, Knoblauch, Pfeffer, Rosinen und Cashew-Kerne vermengen. Eine flache feuerfeste Form mit Butter ausstreichen. Die gegarten Poreestangen vorsichtig in ein Sieb heben und abtropfen lassen.
Nebeneinander in die Form legen.
Mit der Bröselmischung gleichmäßig belegen, Olivenöl darüberträufeln. Alles im vorgeheizten Backofen bei 200 Grad 10–15 min überbacken.

Beilage: Salatteller.

Griechischer Salatteller (2 Pers.)

Zutaten: 4 kleine Fenchelknollen
1 EL Olivenöl
Meersalz, frisch gemahlener Pfeffer, etwas Wasser
1 gegarte Pellkartoffel
1 Knoblauchzehe
etwa 150 ml Olivenöl
Saft einer Zitrone

Zubereitung: Die Fenchelknollen waschen, putzen und vierteln.
Das Fenchelgrün und kleine Blätter, die beim Schneiden abfallen, verwahren.
Das Olivenöl erhitzen, die Fenchelviertel langsam rundherum braun braten, würzen. Etwas Wasser angießen und auf kleinster Flamme etwa 12–15 min gar schmoren. In dieser Zeit die Pellkartoffeln schälen, und mit der Gabel zerkneten.
Knoblauch mit etwas Salz zerreiben, hinzufügen.
Das Olivenöl ganz langsam und unter ständigem Rühren in die Kartoffelmasse gießen, bis sie dick und glänzend ist.
Zitronensaft langsam einrühren und abschmecken. Das Fenchelgrün und die -blätter ganz fein hacken.
Die Sauce auf die warmen Fenchelviertel verteilen und mit dem gehackten Fenchel bestreuen.
Sofort servieren.

Gelber Kokosweißkohl (2 Pers.)

Zutaten: 350 g Weißkohl, fein gehobelt
1 Zwiebel, fein gehackt
100 g frische Kokosnuß, gerieben oder
1 EL getrocknete Kokosraspeln
2 EL Sonnenblumenöl
Meersalz, frisch gemahlener Pfeffer, etwa 1 TL Kurkuma, wenig Wasser oder Gemüsebrühe

Zubereitung: Die Zwiebel in heißem Öl unter Rühren goldgelb braten, Kokosraspeln hinzufügen, kurz andünsten. Den Weißkohl und alle Gewürze mit den Zwiebeln und Kokosraspeln gut mischen.
Ganz wenig Wasser angießen und das Gemüse zugedeckt bei schwacher Hitze 25–30 min garen.

Brokkolipuffer mit Pinienkernen (2 Pers.)

Zutaten:
200 g Brokkoli, fein gehackt
70 g Hirse
1 TL Öl
3/8 l Gemüsebrühe,
Meersalz, frisch gemahlener Pfeffer
2 Eigelb
2 EL Öl
2 gehäufte EL Pinienkerne

Zubereitung: Die Hirse im erhitzten Öl leicht anrösten. Mit heißer Gemüsebrühe aufgießen, salzen und pfeffern.
Zugedeckt bei schwacher Hitze in etwa 20 min garen. Die Flüssigkeit sollte verkocht sein.
Abkühlen lassen.
Den feingehackten Brokkoli mit der Hirsemasse und dem Eigelb gut vermischen. Nochmals kräftig abschmecken.
Mit feuchten Händen kleine Puffer formen und in heißem Öl nach und nach von beiden Seiten goldbraun braten.
Die Pinienkerne in einer Pfanne ohne Fett hell rösten und über die Puffer streuen.

Dieses Gericht schmeckt auch sehr gut mit anderen Gemüsesorten wie z. B. Möhren, Blumenkohl, Kohlrabi. Man kann auch nach Belieben frisch gehackte Kräuter hinzufügen.

Beilage: große Schüssel Salat.

Gratin von Kartoffeln und weißen Rüben (2 Pers.)

Zutaten: 400 g Kartoffeln, geschält und in streichholzlange Stifte geschnitten
400 g zarte weiße Rüben, geschält und ebenfalls in streichholzlange Stifte geschnitten
3 EL Butter, Meersalz, Mühlenpfeffer, wenig frisch geriebene Muskatnuß
150–200 ml Sahne

Zubereitung: Kartoffeln und weiße Rüben in 1 EL Butter bei schwacher Hitze etwa 15 min garen. Dabei öfter umrühren, damit nichts ansetzen kann. Mit Salz, Pfeffer und Muskat würzen. Eine Gratinform mit wenig Butter ausstreichen. Kartoffeln und Rüben einfüllen, so viel Sahne angießen, daß beides bedeckt ist.
Das Gericht im vorgeheizten Backofen bei 200 Grad 30–35 min backen, bis sich die Oberfläche goldbraun verändert hat. Sofort servieren.

Das Gericht läßt sich auch als »Gold und Silber« mit Möhren zubereiten.

Überbackener Spinattoast (2 Pers.)

Zutaten:

4 Scheiben Vollkorntoast
1 EL Olivenöl
500 g frischer Spinat, fein gehackt
Meersalz, frisch gemahlener Pfeffer, Muskatnuß, frisch gerieben
1 Knoblauchzehe, fein zerrieben
1 EL fein geriebener Greyerzerkäse
2 EL Olivenöl

Für die Saucen:
150 g kleine Möhren, in dünne Scheiben geschnitten
1 TL Butter
1 TL Ahornsirup
Meersalz
2 EL Sahne

2 große Zwiebeln, fein gehackt
1 TL Butter
Meersalz, frisch gemahlener Pfeffer
2 EL Sahne
1 EL kalte Butter

Zubereitung:

Den frischen Spinat mit Knoblauch und Gewürzen im heißen Öl zusammenfallen lassen. Auf ausgeschalteter Platte 5 min garen. 2 Toastbrotscheiben entrinden und fein zerkrümeln, mit dem Greyerzer mischen.
Für die Saucen die Möhren in Butter andünsten. Ahornsirup, Salz und etwas Gemüsebrühe zugießen. Zugedeckt auf kleiner Flamme 10 min dünsten.

Für die Zwiebelsauce die Zwiebeln in

Butter andünsten. Gewürze zufügen und ein wenig Gemüsebrühe angießen. Zugedeckt auf kleiner Flamme 10 min dünsten.
Vollkorntoast rösten.
Den abgetropften Spinat auf die Toastscheiben häufen. Käse-Brot-Mischung darauf verteilen, mit Olivenöl beträufeln und im vorgeheizten Backofen 10 min backen. In der Zwischenzeit die Saucen pürieren. Die Sahne in jede Sauce einrühren und je 1 TL kalte Butter.
Beide Saucen abschmecken.
Möhren- und Zwiebelsauce zusammen auf 2 Teller verteilen. Den Toast darauf anrichten und sofort servieren.

Gartenpizza (2 Pers.)

Zutaten:
200 g Weizenvollkornmehl
20 g Hefe
1 TL Lindenblütenhonig
gut 1/8 l lauwarmes Wasser
Meersalz
1 EL Olivenöl

Für den Belag:
4 Tomaten, abgezogen, in Scheiben geschnitten
1 EL Butter
2 große Zwiebeln, gehackt, 1 Knoblauchzehe, gehackt
1 Zucchini, in Scheiben geschnitten
1 gelbe Paprika, in Streifen geschnitten
1/2 Bund Frühlingszwiebeln, in Ringe geschnitten

1 kleine Radicchio, in Streifen geschnitten
einige Oliven nach Geschmack
Meersalz, frisch gemahlener Pfeffer
½ Oregano, gehackt
2 EL Parmesan, frisch gerieben
3 EL Olivenöl

Zubereitung: Das Mehl in eine Schüssel geben, die Hefe zerbröckeln, mit dem Honig in die Mitte geben. Das Wasser angießen, mit einem Tuch bedecken und an einem warmen Ort 30 min gehen lassen. Das Salz und das Öl dazugeben und alles zu einem glatten Teig kneten.
Zugedeckt nochmals 15 min ruhen lassen.
Zwiebeln und Knoblauch in Butter 5 min glasig dünsten. Den Hefeteig auf bemehlter Arbeitsfläche ausrollen und 2 gefettete Pizzaformen auslegen. Mit Tomaten belegen. Alle anderen Gemüsezutaten gleichmäßig darauf verteilen. Mit Salz, Pfeffer und Oregano würzen.
Parmesan darüberstreuen, Olivenöl darüberträufeln und die Pizzen bei 200 Grad im vorgeheizten Ofen etwa 15–20 min backen.

Basmati-Reis mit Kartoffelkruste (2 Pers.)

Zutaten: 150 g Basmati-Reis, weiß
Meersalz
1 EL Butter
300 ml Gemüsebrühe
1 Tomate

200 g Erbsen, frisch oder tiefgefroren
2 Kolben Mais, Körner vom Kolben mit einem scharfen Messer abschneiden
Meersalz, frisch gemahlener Pfeffer
2 TL Butter
100 g Crème fraîche
100 g Kartoffeln
1 EL flüssige Butter
1 EL frisch gehackte Petersilie

Zubereitung: Den Basmati-Reis unter fließendem kaltem Wasser waschen, bis das Wasser klar ist. Mit Salz, Butter und Gemüsebrühe in einem Topf zum Kochen bringen, umrühren und zugedeckt bei kleinster Stufe etwa 20 min garen.
Tomate in ganz dünne Scheiben schneiden. Erbsen und Maiskörner in 1 TL Butter mit den Gewürzen unter häufigem Rühren in 8–10 min garen.
Die Kartoffeln schälen, waschen und mit dem Gurkenhobel in ganz dünne Scheiben schneiden und auf Küchenpapier legen. Eine Auflaufform mit 1 TL Butter ausfetten. Den Reis mit einer Gabel lockern und in die Form füllen. Danach schichtweise Tomaten, Erbsen und Mais, Crème fraîche und zuletzt die Kartoffelscheiben darauflegen. Die flüssige Butter darüber pinseln und im vorgeheizten Ofen bei 200 Grad 15 min garen, bis die Kartoffelkruste gar und knusprig braun ist.

Beilage: Rohkostsalat.

Hähnchen mit Honigkruste auf lauwarmem Salat (2 Pers.)

Zutaten:

2 große Hühnerbrüstchen (etwa 250 g)
Meersalz, frisch gemahlener Pfeffer
1 EL Lindenblütenhonig
1 EL fein gehackte Zwiebeln
1 EL passierte Tomaten
½ TL Paprikapulver, rosenscharf
Cayennepfeffer
2 EL Sonnenblumenöl
Saft von ½–1 Zitrone
1 kleiner Radicchio
½ Endiviensalat
4 Stengel Zitronenthymian
Meersalz, frisch gemahlener Pfeffer

Zubereitung:

Das Hähnchenbrustfilet waschen, trokkentupfen.
Aus dem Honig, den Zwiebeln, Tomaten, Paprikapulver und Cayennepfeffer eine Paste rühren. Die Filets damit von allen Seiten einreiben und 15 min kalt stellen.
Radicchio und Endiviensalat putzen, waschen und in feine Streifen schneiden. Die Zitronenthymianblättchen abzupfen.
Sonnenblumenöl in einer Pfanne nicht zu heiß werden lassen. Hähnchen von allen Seiten leicht anbraten. Ständig mit der Paste bestreichen. Jede Filetseite etwa 3 min schmoren, mit Zitronensaft angießen, evtl. noch etwas Wasser zufügen. Es soll eine sämige Sauce entstehen. Mit den Gewürzen abschmekken. Den Salat eben durch die Pfanne

rühren, sofort auf 2 Teller verteilen. Die Hähnchenbrüstchen darauf anrichten. Zitronenthymian darüberstreuen.

Gemüsetatar mit Ei (2 Pers.)

Zutaten: 500 g gemischtes Gemüse, geputzt, gewaschen und in sehr kleine Würfel, Röschen oder Stücke schneiden.
(z. B. 1 kleine Möhre, 1 kleine Zucchini, je 1 großes Blumenkohl- und Brokkoliröschen, 1 Handvoll zarte, junge, dicke Bohnen, einige frische grüne Bohnen, ein Stück Kohlrabi, ½ gelbe Paprika, ½ rote Paprika, 1 große Kartoffel)
3 EL Olivenöl
Meersalz, frisch gemahlener Pfeffer, frisch gemahlene Muskatnuß
2 Eier
½ l heißes Wasser
150 g Crème fraîche
1 Bund Kerbel

Zubereitung: Das Gemüse vorbereiten und in Olivenöl erhitzen, unter ständigem Rühren 5 min schmoren. Etwas Wasser angießen und im geschlossenen Topf auf kleiner Flamme 10 min gar dünsten. In der Zwischenzeit ½ l Wasser in einem hohen Topf zum Kochen bringen. Eier 5 min kochen. Einige Kerbelstengel zur Garnitur verwahren, den restlichen Kerbel mit Crème fraîche pürieren und abschmecken.
Das heiße, gegarte Gemüse auf 2 Teller verteilen, Kerbelsauce in die Mitte ge-

ben. Die Eier vorsichtig pellen und auf der Sauce anrichten. Mit Kerbelblättchen garniert zu Tisch bringen.

Kräuterhähnchen mit Frissee (2 Pers.)

Zutaten:
2 Hähnchenbrüstchen (etwa 200 g)
1 kleines Stück Möhre, Sellerie und Lauch, geputzt und gewaschen
1 kleines Lorbeerblatt
2 Pfefferkörner, einige Senfkörner
½ l Gemüsebrühe
je 1 EL feingehackte Petersilie, Dill, Schnittlauch, Thymian, Basilikum, Pimpernelle, Estragon
Saft von ½ Zitrone
1 EL Sonnenblumenöl
⅛ l fertige Hühnerbrühe
Meersalz, frisch gemahlener Pfeffer
1 kleiner Kopf Frissee, Möhrenblumen

Zubereitung: Die Gemüsebrühe mit Gewürzen und Gemüse gut durchkochen. Die Hähnchenbrustfilets in Würfel schneiden und in die Gemüsebrühe geben. Auf kleiner Flamme 8–10 min garen, das Fleisch herausnehmen. Die Brühe auf die Hälfte einkochen und über das Fleisch gießen, erkalten lassen. Die gehackten Kräuter mit dem Zitronensaft vermischen. 15 min abgedeckt durchziehen lassen. Das Sonnenblumenöl und danach die kalte Hühnerbrühe unterrühren und kräftig abschmecken. Die Hühnerfleischwürfel in den Kräutersud geben und abgedeckt durchziehen lassen.

Den Frisseesalat putzen und waschen, gut abgetropft, dekorativ auf Teller verteilen.
Das Hühnerfleisch darauf anrichten, die Kräutermarinade darüberträufeln und mit Möhrenblumen garnieren.

Möhrenblumen:
Eine kleine dicke Möhre schälen, waschen, mehrmals von der Seite rundherum einkerben und in Scheiben schneiden.

Puterbrust im Zitronensud (2 Pers.)

Zutaten:
200 g Puterbrust
300 g grüner Spargel, in mundgerechte Stücke geschnitten
100 ml Sahne
½ abgeriebene, unbehandelte Zitrone mit dem Saft
einige Blätter Zitronenmelisse, fein gehackt
Meersalz, frisch gemahlener Pfeffer
200 ml Gemüsebrühe
2 EL eiskalte Butter

Zubereitung:
Sahne, Zitronenschale, Melisse und Gewürze zum Kochen bringen. Etwa 15 min leise köcheln lassen.
Putenbruststreifen hinzufügen, gut 5 min simmern, dann die Spargelstücke dazugeben. So viel Gemüsebrühe zugießen, daß alles eben bedeckt ist. Im geschlossenen Topf weitere 5–10 min sanft köcheln lassen.

Puterbrust und Spargel aus der Sauce heben, den Topf von der Kochstelle ziehen. Eiskalte, kleine Butterflöckchen nach und nach in die Sauce rühren, damit sie schön sämig wird. Geflügel und Gemüse unterheben und servieren.

Beilage: gedünstete Möhren, Erbsenschoten, Chicoreesalat.

Gegrillter Schwertfisch mit Zwiebel-Estragon-Sauce (2 Pers.)

Zutaten:
2 Schwertfischsteaks 150–200 g
4 EL Olivenöl
1 kleine Knoblauchzehe, mit Meersalz fein zerrieben, frisch gemahlener Pfeffer
2 kleine rote Zwiebeln, in Ringe geschnitten
2 EL gehackter Estragon
1 EL Limettensaft

Zubereitung: 2 EL Olivenöl mit dem Knoblauch verrühren und auf die Schwertfischsteaks streichen. Den Grill anschalten. 2 EL Olivenöl erhitzen, die Zwiebeln eben anbraten, Estragon dazugeben und mit dem Limettensaft ablöschen. Warm halten. Die Schwertfischsteaks 5 min von jeder Seite grillen. (bei einer Dicke von 2½ cm)
Auf vorgewärmte Teller legen, mit der Sauce begießen.
Dazu Zucchinisalat z. B. mit Sojasalatsauce.

Victoriaseebarschfilet auf Gemüse-Safran-Sauce

Zutaten:

2 Portionen Victoriaseebarschfilet (etwa 350–400 g)
Meersalz, Mühlenpfeffer
2 EL Butter
je 150 g Lauch, Möhren- und Bleichselleriejulienne
1 EL gehackter Dill
1 Messerspitze Safranpulver, etwas Gemüsebrühe
2 EL Crème fraîche

Zubereitung:

Die Butter in einem größeren, flachen Topf erhitzen. Das Gemüse zufügen und unter Rühren anschwitzen. Dill unterheben, Safranpulver, Salz und Mühlenpfeffer überstreuen. Etwas Gemüsebrühe angießen, kurz aufkochen lassen und kräftig abschmecken. Beide Portionen Fisch nebeneinander auf das Gemüsebett legen. Gemüse und Fisch im geschlossenen Topf 10 min auf kleinster Flamme garen.

2 min vor Ende der Garzeit Crème fraîche auf das Gemüse verteilen.

Zum Servieren Fisch mit Gemüse portionsweise aus dem Topf heben. Die verbliebene Sauce um das Gemüse verteilen.

Mit einer großen Portion Salat zu Tisch bringen.

Möhrensoufflé mit Gurkenkugeln

Zutaten:

400 g Möhren, in Scheiben geschnitten
1 TL Butter
Meersalz, frisch gemahlener Pfeffer, frisch geriebene Muskatnuß
1 EL Crème fraîche
2 Eigelb
1 TL Parmesan
2 Eiweiß
1 Salatgurke
1 EL Butter
Gemüsebrühe von den Möhren
1 TL gehackte Borretschblätter
1 TL Senf, mittelscharf

Zubereitung:

Die Möhren in wenig kochendem Salzwasser 20 min garen. Abgießen, Möhrenwasser wieder zurück in den Topf geben und kochend auf ein Viertel reduzieren lassen. Möhrenscheiben in 1 TL Butter noch 5 min schmoren. Mit dem Schneidestab fein pürieren, Crème fraîche, Eigelb und Parmesan unterrühren. Zuletzt den Eischnee locker unterheben.

Eine Auflaufform mit wenig Butter auspinseln. Die Möhrenmasse hineinfüllen und im vorgeheizten Backofen bei 190 Grad 20–30 min backen. In der Zwischenzeit die Salatgurke schälen. Aus der Gurke mit einem speziellen Ausstecher Kugeln herausschneiden. 1 EL Butter erhitzen und warm stellen. Das übrige Gurkenfleisch hacken, in der restlichen Butter mit Borretsch, Gewürzen und Senf 10 min dünsten. Alles pürieren und so viel Möhrenbrühe angießen, daß eine dickliche Sauce entsteht, abschmecken, Gurkenkugeln wieder in die Sauce geben. Möhrensouffle mit Gurkensauce und einem großen Salatteller servieren.

Würzig-scharfer Pfannenfisch (2 Pers.)

Zutaten:
3 EL Olivenöl
1 gehackte Zwiebel
2 gehackte Knoblauchzehen
6 schwarze Oliven, entsteint
½ rote Paprikaschote, entkernt, in kleine Würfel geschnitten
1 TL gehackte Estragonblätter
einige Rosmarinnadeln
einige Blätter Salbei
½ ausgepreßte Zitrone
250 g Schellfischfilet, in mundgerechte Würfel geschnitten
2–3 kleine Chilischoten, je nach Geschmack

Zubereitung:
Das Olivenöl erhitzen, Zwiebeln, Knoblauchzehen, Oliven, Paprika und Kräuter darin dünsten. Unter häufigem Wenden 5 min garen. Den Zitronensaft dazugießen. Die Fischfiletwürfel in die Pfanne legen. Etwa 5–8 min schmoren lassen. Die Chilischoten entkernen, in Ringe schneiden, zum Pfannenfisch geben, umrühren und abschmecken.
Mit einem großen Teller frischen Salat zu Tisch geben.

Lauwarmer rheinischer Salat (2 Pers.)

Zutaten: 1 kleiner Kopf Endiviensalat, in ganz feine Streifen geschnitten
1 Karton Kresse
50 g gehackte Paranüsse
50 g gehackte Erdnüsse
80 g Butter
3 Eier
Meersalz, frisch gemahlener Pfeffer
50 ml Gemüsebrühe
einige Spritzer Zitronensaft

Zubereitung: Endiviensalat mit der Kresse und den gehackten Nüssen mischen.
Für die Sauce Butter in einem Topf erhitzen, bis sie leicht bräunt (Nußbutter). Die Eier mit den Gewürzen und der Gemüsebrühe verschlagen, zur Butter gießen. Die Masse unter ständigem Rühren vorsichtig erhitzen, bis die Sauce dicklich gegart ist. Unter den Salat mischen und sofort lauwarm servieren.

Beilage: Gedünsteter Gemüseteller.

Seezungenfilet in Sahne (2 Pers.)

Zutaten: 250 g Seezungenfilet
100 g Zucchiniwürfel
100 g Tomatenwürfel
100 g Champignons, gehackt
2 EL Butter
Meersalz, frisch gemahlener Pfeffer
150 ml Sahne

Zubereitung: Die Seezungenfilets in breite, schräge Streifen schneiden.
Zucchiniwürfel und gehackte Champignons in Butter andünsten und alle Flüssigkeit verdampfen lassen. Mit Salz und Pfeffer kräftig würzen. Tomatenwürfel unterrühren.
Eine flache, feuerfeste Form mit Butter ausfetten. Das Gemüse einfüllen. Die Seezungenfiletstreifen auf das Gemüse legen. Mit Sahne begießen und im vorgeheizten Backofen bei 200 Grad 10 min schmoren, bis die Oberfläche goldgelb ist.

Beilage: Blattspinat und Salat.

Buttermilchsülzchen auf Radieschensalat (2 Pers.)

Zutaten: 250 ml Buttermilch (Zimmertemperatur)
etwas Gemüsebrühe (etwa 50 ml)
1 TL Agar-Agar
2 EL geschlagene Sahne
100 g Nordseekrabben
2 EL frisch gehackte Kräuter (z. B. Dill, Schnittlauch, Petersilie, Kapuzinerkresse, Kerbel)
1 Bund Radieschen, geputzt und in Scheiben geschnitten
einige Spritzer Zitronensaft, Meersalz, frisch gemahlener Pfeffer
150 g Feldsalat, geputzt
1 EL Zitronensaft
5 EL Sonnenblumenöl
evtl. Kresseblüten

Zubereitung: Die Gemüsebrühe zum Kochen bringen. Das Agar-Agar darin vollständig auflösen. Vorsichtig unter die Buttermilch rühren. Geschlagene Sahne hinzufügen, ebenso Nordseekrabben und Kräuter. Alles gut verrühren und kräftig mit den Gewürzen abschmecken. Eine kleine Terrinenform mit kaltem Wasser ausspülen.

Sobald die Buttermilchmasse zu gelieren beginnt, noch einmal gut durchrühren und in die Form füllen. Im Kühlschrank 2 Stunden fest werden lassen.

Eine Salatsauce aus Zitronensaft, Gewürzen und Öl rühren. Mit Radieschen und Feldsalat mischen. Buttermilchsülzchen stürzen, in Scheiben schneiden und auf dem Salat anrichten. Mit Kresseblüten garnieren.

Rezepte für den Abend

Schon während der Tage mit FIGURAFIT haben Sie gemerkt, wie angenehm sättigend und wenig belastend am Abend eine warme Suppe ist. Wenn Ihnen diese Ernährung gefallen hat, sollten Sie so weitermachen. Nachfolgend finden Sie köstliche Suppen-Rezepte nach dem Trennkost-Prinzip. Aber für alle, die keine Suppen mögen, gibt es auch Salatrezepte.

Alle Angaben in den folgenden Rezepten gelten für zwei Personen. Als Single müssen Sie die Mengen daher halbieren.

Rosenkohlsuppe (2 Pers.)

Zutaten:
1 mittelgroße Zwiebel, in kleine Würfel geschnitten
2 EL Butter
300 g Rosenkohl, geputzt und geviertelt
1 TL Gemüsebrühe ohne Salz (Instant) oder 1 Gemüsebrühwürfel salzfrei
400 ml Wasser
1 kleine Tomate
1 Messerspitze Muskatnuß, frisch gerieben
frisch gemahlener Pfeffer
1 EL frisch geriebener Parmesan
1 EL Mandeln, gerieben

Zubereitung: Die Zwiebeln in der Butter glasig dünsten. Den Rosenkohl zufügen und unter Rühren 2 min dünsten. Die Gemüsebrühe hinzufügen und mit Wasser angießen. Zugedeckt auf kleiner Flamme 8 min köcheln. In der Zwischenzeit die

Tomaten halbieren, den Stengelansatz herausschneiden und entkernen, in kleine Würfel schneiden. Die Suppe mit Muskat und Pfeffer und evtl. mit Gemüsebrühe abschmecken. Tomatenwürfel und gehackten Schnittlauch unterrühren. Rosenkohlsuppe auf 2 Teller verteilen. Frisch geriebener Parmesan und Mandeln überstreuen und sofort servieren.

Möhren-Mandarinen-Suppe (2 Pers.)

Zutaten:
150 g Möhren
1 Zwiebel, mittelgroß
20 g Butter
250 ml Wasser
3 Mandarinen
Salzfreie Gemüsebrühe (Instant)
frisch gemahlener Pfeffer
1 Prise gemahlener Ingwer
2 EL Sahne
1 TL Ahornsirup
Saft einer halben Zitrone
2 Stengel frischer Koriander
2 Stengel Pfefferminze

Zubereitung: Die Möhren und die Zwiebel in der Küchenmaschine fein reiben. Die Butter schmelzen lassen und darin das Gemüse andünsten. Das Wasser und den Saft der 3 Mandarinen angießen, 15 min leise köcheln lassen.
Salzfreie Gemüsebrühe, Pfeffer, Ingwer und Sahne zufügen.
Alles mit dem Schneidstab pürieren und

mit Ahornsirup und Zitronensaft abschmecken.
Die Suppe bestreut mit Koriander- und Pfefferminzblättchen zu Tisch bringen.

Malvensuppe (2 Pers.)

Zutaten:
500 ml Wasser
3 Beutel Malventee
250 g Rharbarber, möglichst roter
40 g Tapioka
(Stärkemehl aus den Wurzeln des Maniokbaumes)
1 EL gehackte Pistazienkerne
2 EL Crème fraîche

Zubereitung:
Das Wasser zum Kochen bringen, Malventee hineinlegen und leise köcheln lassen. Den Rharbarber waschen, putzen und in 1 cm große Stücke schneiden, kurz im Malventee blanchieren und mit dem Schaumlöffel wieder herausnehmen, ebenfalls die Teebeutel.
Das Tapioka mit wenig Flüssigkeit anrühren, den Tee damit binden und bei milder Hitze 10 min quellen lassen. Den Rharbarber wieder zugeben. Die Suppe etwas abkühlen lassen.
Zum Servieren auf 2 Teller verteilen, je 1 EL Crème fraîche in die Mitte und die gehackten Pistazien darüberstreuen.

Tomatencreme (2 Pers.)

Zutaten:

4 vollreife Fleischtomaten, gehackt
1 große Zwiebel, gehackt
2 Knoblauchzehen, zerdrückt
1 EL Olivenöl
1 EL Butter
1 Gemüsebrühwürfel ohne Salz
1 Lorbeerblatt
4 Stengel Oregano oder Petersilie
500 ml Wasser
frisch gemahlener Pfeffer
frisch gehackter Oregano oder Petersilie

Zubereitung:

Zwiebeln und Knoblauchzehen in Olivenöl mit Butter anschwitzen. Tomaten, Gemüsebrühwürfel, Lorbeer, Oregano und Wasser dazugeben und 20 min leise köcheln lassen.
Durch ein Sieb passieren, wieder in den Topf füllen und noch 10 min simmern.
Die Creme mit Pfeffer abschmecken und mit gehacktem Oregano bestreut servieren.

Dicke Spinatsuppe (2 Pers.)

Zutaten:

1 großes Bündel Frühlingszwiebeln
2 EL Butter
1 Paket tiefgefrorener Blattspinat (300 g)
200 ml Gemüsebrühe aus Gemüsebrühwürfel
1 TL vegetabiles Gewürz
100 g rote Linsen

reichlich frisch geriebene Muskatnuß,
etwas Kümmel
frisch gemahlener Pfeffer
100 g Crème double

Zubereitung: Die Frühlingszwiebeln waschen, putzen und in der Butter anschwitzen. Den Blattspinat tiefgekühlt grob hacken, damit die Blätter mundgerecht werden. Zu den Zwiebeln geben, 5 min mitdünsten. Die Gemüsebrühe und das vegetabile Gewürz unterrühren. Die roten Linsen auf die Suppe streuen und 10 min leicht köcheln, bis die Linsen bißfest sind. Nun mit Muskat, Kümmel, gemahlenem Pfeffer kräftig abschmecken.
Crème double unterrühren und sofort servieren.

Zucchinisuppe (2 Pers.)

Zutaten:
1 große Zwiebel, fein gehackt
1 mittelgroße Kartoffel, in kleine Würfel geschnitten
300 g Zucchini, grob gewürfelt
2 EL Butter
4 Blättchen Salbei
1 EL gehackte Haselnüsse
300 ml vegetabile Hühnerbrühe
100 g Zucchini, roh gerieben
Cayennepfeffer
salzfreies Gewürz

Zubereitung: Die Zwiebeln in Butter anschwitzen, Kartoffel und Zucchiniwürfel zufügen, ebenfalls den Salbei und die gehackten

Haselnüsse. Alles in der Butter langsam anschwitzen. Die Gemüsebrühe dazugießen und alles 10 min leise kochen. Die Suppe cremig pürieren.
Mit Cayennepfeffer und salzfreiem Gewürz abschmecken.
Die roh geriebene Zucchini als Einlage in die Suppe rühren.

Karottencremesuppe pikant (2 Pers.)

Zutaten:
200 g Karotten
100 g Kartoffeln
100 g Sellerie
100 g Weißes vom Lauch
3 El Butter
250 ml Gemüsebrühe aus Brühwürfeln
100 ml Sahne
frisch geriebene Muskatnuß, frisch gemahlener Pfeffer, 2 EL Petersilie

Zubereitung: Das Gemüse und die Kartoffeln waschen und putzen. Von den Möhren, Sellerie und Lauch je 1 gehäufter EL ganz feine Julienne schneiden. Das übrige Gemüse und die Kartoffeln grob zerteilt in 2 EL Butter andünsten. Mit der Gemüsebrühe angießen und auf kleiner Flamme 20 min köcheln, bis das Gemüse weich ist. Die Karottencreme mit dem Schneidstab ganz fein pürieren. Mit Muskat und Pfeffer abschmecken. Die Sahne unterziehen, nicht mehr kochen. Die Gemüsejulienne in 1 EL Butter ganz kurz anschwitzen, auf die Suppe verteilen.

Reichlich frisch gehackte Petersilie überstreuen und sofort servieren.

Kalte Kürbissuppe (2 Pers.)

Zutaten: 200 g Kürbis, in kleine Würfel geschnitten
1 Stange Vanilleschote
100 ml Wasser
2 EL Lindenblütenhonig
300 ml frischer Orangensaft
2 Pfirsiche, entsteint, in Stücke geschnitten und gefroren
einige Borretschblüten

Zubereitung: Das Wasser zum Kochen bringen. Den Kürbis zufügen. Die Vanillestange aufschneiden, das Mark herausschaben und zum Kürbis rühren. Auf ausgeschalteter Platte 10 min ziehen lassen, bis der Kürbis weich ist. Abkühlen lassen. Den Honig unterrühren.
Die gefrorenen Pfirsiche mit dem Orangensaft in einem Mixer glatt und cremig rühren. Nach und nach das erkaltete Kürbiskompott zufügen.
Die cremige Kaltschale in Suppenteller verteilen und mit Borretschblüten verzieren.

Gemüsesuppe »Quer durch den Garten« (2 Pers.)

Zutaten: 2 EL Olivenöl
2 Kartoffeln, mittelgroß

2 Möhren, mittelgroß
¼ kleinen Blumenkohl
100 g Bohnen
¼ kleinen Wirsing
100 g Brokkoli
1 Zucchini, mittelgroß
100 g Erbsenschoten
100 g Lauch
1 TL Curry
500 ml Gemüsebrühe
salzfreies Gewürz
frisch gemahlener Pfeffer
je 1 EL frisch gehackter Kerbel und Petersilie
1 EL Schnittlauchröllchen

Zubereitung: Kartoffeln und alle Gemüsesorten waschen und putzen.
Kartoffeln, Möhren und Zucchini in kleine Würfel, Blumenkohl und Brokkoli in kleine Röschen, Bohnen in 1 cm große Stücke, Wirsing in Streifen, große Erbsenschoten halbieren und Lauch in Ringe schneiden.
Alle diese Zutaten und den Curry in Olivenöl unter häufigem Wenden andünsten, die Gemüsebrühe dazugießen, salzfreies Gewürz hinzufügen und auf kleiner Flamme langsam in 20–25 min garen.
Die Suppe kräftig abschmecken. Die frischen Kräuter kurz vor dem Servieren überstreuen.

Chinakohlsalat mit Radieschensprossen (2 Pers.)

Zutaten: 1–2 EL Zitronensaft
Meersalz, frisch gemahlener Pfeffer
2 EL Sonnenblumenöl, 1 Pressung
⅛ l Sahne
½ Chinakohl, in ganz feine Streifen geschnitten
1 Handvoll Radieschensprossen
1 Bund Radieschen mit schönen Blättern

Zubereitung: Zitronensaft gut mit Salz und Pfeffer und dann mit dem Öl vermischen. Die Sahne langsam einrühren, bis eine sämige Sauce entsteht.
Chinakohl und Radieschensprossen unterheben, abschmecken. Schöne Radieschenblätter aussortieren, waschen und damit einen Kranz auf zwei Tellern legen. Darauf die Radieschen, in Scheiben geschnitten, anordnen. In der Mitte den Chinakohlsalat häufen und sofort servieren.

Rote-Bete-Salat auf Zwiebelrahm (2 Pers.)

Zutaten: 400 g rote Bete, einige zarte Blätter
2 EL Traubenkernöl
1 TL Zitronensaft
2 EL Mayonnaise
2 EL Schmand
1 EL geschlagene Sahne
2 mittelgroße Zwiebeln, ganz fein gehackt

etwas Kümmel und Koriander
Meersalz, Cayennepfeffer
etwas Zitronensaft
1 Bund Schnittlauch

Zubereitung: Rote Bete putzen, waschen und fein oder grob reiben, je nach Geschmack. Zarte Rote-Bete-Blätter waschen und beiseite legen. Traubenkernöl, Zitronensaft und Gewürze verrühren und über die rote Bete gießen, mischen und 10 min ziehen lassen. Mayonnaise, Schmand und Sahne verrühren, die Zwiebeln und Gewürze sowie etwas Zitronensaft untermischen und abschmecken. Die Sauce auf zwei Teller verteilen, Rote-Bete darauf anordnen und mit Schnittlauch garnieren.

Sellerie-Rohkost (2 Pers.)

Zutaten: 500 g Knollensellerie, grob geraspelt
2 EL Mayonnaise
2 EL Sahne
2 TL mittelscharfer Senf
2 EL Kapern
2 EL fein gehackte Petersilie
Meersalz, frisch gemahlener Pfeffer
Saft einer Zitrone

Zubereitung: Eine Salatsauce aus Mayonnaise, Sahne, Senf, Gewürzen, Kapern und Petersilie rühren. Kräftig abschmecken. Den Sellerie sofort nach dem Raspeln mit Zitronensaft vermengen und in die fertige Salatsauce rühren.

Champignonsalat (2 Pers.)

Zutaten:
400 g Champignons
2 EL feingehacktes Estragon oder Ysop
1 kleine Knoblauchzehe
2 EL Zitronensaft
8 EL Olivenöl, 1. Pressung
Meersalz, frisch gemahlener Pfeffer

Zubereitung: Die Knoblauchzehe mit dem Salz zu einem Püree zerreiben, gemahlenen Pfeffer und Zitronensaft hinzufügen, Olivenöl langsam unterrühren.
Champignons putzen, unter fließendem Wasser waschen. Sofort in Scheiben schneiden und mit Estragon oder Ysop in die Salatsauce mischen.
Evtl. Ysopblüten zur Garnitur verwenden.

Feldsalat mit Nüssen (2 Pers.)

Zutaten:
200 g Feldsalat oder frischer Spinat
100 g blanchierte, abgezogene Mandeln
1 Knoblauchzehe
2 EL Mandelöl
100 ml Sahne
50 g Mandeln, grob gehackt
Meersalz, frisch gemahlener Pfeffer
Saft einer Zitrone

Zubereitung: Den Feldsalat waschen und putzen.
Für die Salatsauce die Mandeln, Knoblauch und Gewürze sowie den Zitronensaft im Mixer cremig pürieren.

Langsam das Öl und danach die Sahne zugießen, bis eine dickliche Sauce entsteht.
Die grob gehackten Mandeln ohne Fett in einer Pfanne goldbraun rösten.
Die Nußsauce über den Feldsalat verteilen, mit den gebräunten Mandeln bestreuen und sofort servieren.

Bunter Salatteller (4 Pers.)

Zutaten:

1 kleine Fenchelknolle, fein geraspelt
4 Stangen Bleichsellerie, in dünne Scheiben geschnitten
2 große Möhren, grob geraspelt
¼ kleinen Weißkohl, fein geraspelt
¼ kleinen Rotkohl, fein geraspelt
12 schwarze Oliven, entsteint
Rauke nach Belieben
3 EL Zitronensaft
Meersalz, frisch gemahlener Pfeffer
10 EL Sonnenblumenöl, 1. Pressung
6 Cornichons, fein gehackt
2 Schalotten, fein gehackt
2 EL Schnittlauch

Zubereitung:

Alles Gemüse mit den Oliven mischen, auf Raukeblättern anrichten. Zitronensaft mit Salz und Pfeffer mischen, Öl, Cornichons, Schalotten und Schnittlauch dazurühren und über den Salat verteilen.

Rezepte für Dressings und Marinaden

Trennkost muß nicht eintönig sein. Natürlich können Sie Ihre Menüs und Salate auch köstlich verfeinern. Nachfolgend ein paar raffinierte Rezepte, mit denen sich jedes Fleischgericht, jeder Salat schnell und leicht verfeinern läßt.

Die Mengenangaben in den folgenden Rezepten gelten für jeweils zwei Portionen Marinade oder Dressing. Als Single müssen Sie die Mengen einfach halbieren.

Marinaden für Blattsalate, Gemüsesalate, Rohkostsalate, Sprossen (für jeweils 2 Port. Salat)

Zutaten: Gelbe Paprikasauce (nach Belieben auch mit rotem und grünem Paprika)
200 g gelber Paprika, in kleine Stücke geschnitten
1 Knoblauchzehe, in Scheiben geschnitten
Meersalz
1 EL Crème fraîche
etwas Gemüsebrühe
frisch gemahlener Pfeffer
1 Messerspitze scharfer Senf
1 EL Pimpernelleblättchen, gehackt

Zubereitung: Paprika und Knoblauch mit etwas Salz und Gemüsebrühe in etwa 15 min weich dünsten. Mit dem Schneidstab ganz fein pürieren und abkühlen lassen. Die Crème fraîche einrühren. Ist die Sauce

zu dick, kann man noch etwas Gemüsebrühe dazugießen.
Mit Salz, Pfeffer, Senf und Pimpernelle abschmecken.
Paßt z. B. zu Pilzsalaten, rotem Chicoreesalat, Auberginen.

Grüne Salatsauce

Zutaten:
200 g Schmand
1 EL Mayonnaise
einige Spritzer Zitronensaft
1 El Olivenöl
Salz, frisch gemahlener Pfeffer
je 1 EL frische Kräuter: Petersilie, Schnittlauch, Dill, Kresse, Sauerampfer, Kerbel, Basilikum, Pimpernelle
2 Frühlingszwiebeln

Zubereitung:
Schmand und Mayonnaise mit Zitronensaft, Öl und den Gewürzen verrühren. Die frischen Kräuter und die Frühlingszwiebeln sehr fein hacken. Kräutersaft auffangen und mit in die Sauce einrühren, abschmecken und unter den Salat mischen.
Paßt z. B. zu roten Blattsalaten, Fenchel, Gemüsesalaten.

Sojasalatsauce

Zutaten:
2 EL helle Sojasauce
1 EL Limettensaft
Meersalz, frisch gemahlener schwarzer Pfeffer

1 rote Zwiebel, ganz feingehackt
5 EL Sonnenblumenöl, 1. Pressung

Zubereitung: Die Sojasauce mit dem Limettensaft und den Gewürzen verrühren. Zwiebel hinzufügen, das Öl langsam unter Rühren zugießen.
Paßt z. B. zu Porree, Champignons, Sprossen, Spargel, Chinakohl.

Italienisches Dressing

Zutaten: 1 kleine Knoblauchzehe
etwas Meersalz
1 EL Zitronensaft
frisch gemahlener Pfeffer
1 EL frisch geriebener Parmesan
je 2 Stiele Thymian, abgezupft, Basilikumblättchen, feingehackt
5 EL Olivenöl, 1. Pressung
1 Tomate

Zubereitung: Knoblauch und Salz mit der Gabel fein zerdrücken und zum Zitronensaft rühren. Pfeffer und Parmesan sowie Thymian und Basilikum hinzufügen. Olivenöl langsam zugießen. Die Tomaten halbieren, Stengelansätze herausschneiden und entkernen. Das Tomatenfleisch in kleine Würfel schneiden und unterrühren, kräftig abschmecken.
Paßt z. B. zu grünen Blattsalaten, Zucchini, Paprika, Rauke.

Avocadomarinade

Zutaten: 2 reife Avocados, entkernt und abgezogen
½ Zitrone, Saft ausgepreßt
1 kleine Knoblauchzehe
150 g Schmand
Meersalz, frisch gemahlener Pfeffer
2–3 Stengel frischer Koriander, gehackt, oder 2 Blättchen Liebstöckel, gehackt

Zubereitung: Das Avocadofleisch mit dem Zitronensaft und der Knoblauchzehe fein zerdrücken. Schmand nach und nach unterrühren, mit Salz, Pfeffer und dem Koriander abschmecken.
Paßt z. B. zu Radicchio, Eisbergsalat, Radieschen.

Currymarinade

Zutaten: 2 EL Sonnenblumenöl, 1. Pressung
1 große Zwiebel, fein gehackt
2 EL Curry
100 ml Sahne
1 EL Zitronensaft
1 EL Mayonnaise
Meersalz, frisch gemahlener Pfeffer
2 rote Chilischoten, entkernt und in feine Ringe geschnitten
1 EL Schnittlauch, in feine Röllchen geschnitten

Zubereitung: Das Öl erhitzen, die Zwiebel darin glasig werden lassen. Den Curry zufügen und unter Rühren in 2 min garen. Die Sahne zugießen, alles kurz aufkochen und von der Kochstelle nehmen. Die Sauce etwas abkühlen lassen, dann den Zitronensaft einrühren und die Sauce vollständig abkühlen. Die Marinade mit der Mayonnaise, Gewürzen und Schnittlauch fertigstellen und abschmecken.
Paßt z. B. zu Blumenkohl, Erbsen, Weißkohl.

Himbeermarinade

Zutaten:
50 g frische oder tiefgefrorene Himbeeren
1 kleine Knoblauchzehe
1 EL Zitronensaft
1 TL Ahornsirup
1 TL Senf
Meersalz, frisch gemahlener Pfeffer
6 EL Olivenöl, 1. Pressung

Zubereitung: Himbeeren (tiefgefrorene auftauen lassen) mit dem Knoblauch und Zitronensaft mixen, durch ein Nylonsieb passieren. Ahornsirup, Senf und Gewürze gründlich mit der Himbeersauce verrühren. Das Olivenöl dazugießen und die Marinade abschmecken.
Paßt z. B. zu allen Blattsalaten und rohem Spargelsalat.

Fertig-Diäten, die Sie kennen sollten

In diesem Buch geht es vorwiegend um die Trenn-Diät FIGURAFIT, mit der der Schauspieler Günter Strack so erfolgreich abgenommen hat. Doch Sie sollten wissen, der Apotheker hat auch viele andere Fertig-Diäten. Sie bieten zwar nicht das Trennkost-Prinzip, aber auch kalorienreduziertes Abnehmen. Diäten, die ebenfalls als Fertigmischung angeboten werden:

✷ Fast-Day. Eine Shake-Diät mit Bananengeschmack.

✷ TRI-S-ZYM-DIÄT. Eine Pudding-Diät mit den Geschmacksrichtungen Vanille, Schoko, Waldbeere.

✷ Modifast. Ein Diät-Programm, sowohl mit Puddings als auch mit Suppen.

✷ Slim-Fast. Eine Pudding-Diät, Geschmacksrichtung Vanille, Erdbeer, Schoko.

Andere Schlankprodukte aus der Apotheke, die das Abnehmen unterstützen sollen:

Gracia Novo. Biologische Schlankheitstropfen.

Kilo Nit 2000. Schlankheitstropfen.